中国文化小通史 明

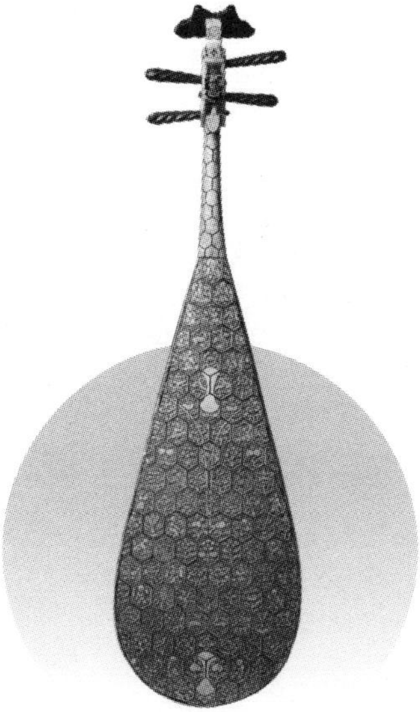

王春瑜 主编
韦祖辉 著

海峡出版发行集团
福建人民出版社

图书在版编目（CIP）数据

中国文化小通史．明／韦祖辉著．--2版--福州：福建人民出版社，2020.10（2024.4重印）

ISBN 978-7-211-08263-6

Ⅰ．①中…　Ⅱ．①韦…　Ⅲ．①文化史—中国—明代—通俗读物　Ⅳ．①K203－49

中国版本图书馆CIP数据核字（2020）第001427号

中国文化小通史·明

ZHONGGUO WENHUA XIAOTONGSHI · MING

主　　编：王春瑜
作　　者：韦祖辉
责任编辑：韩腾飞
出版发行：福建人民出版社　　**电　　话：**0591-87533169(发行部)
地　　址：福州市东水路76号　　**邮　　编：**350001
网　　址：http://www.fjpph.com
电子邮箱：fjpph7211@126.com
经　　销：福建新华发行（集团）有限责任公司
印　　刷：福州德安彩色印刷有限公司
地　　址：福州市金山浦上工业区B区42幢
开　　本：787毫米×1092毫米　1/32
字　　数：109千字
印　　张：6
版　　次：2020年10月第2版　2024年4月第2次印刷
书　　号：ISBN 978-7-211-08263-6
定　　价：20.00元

目 录

第一章 | 农耕 /001
一、农业生产发展 /001
二、农业发展为手工业发展提供了条件 /016
三、少数民族地区农业有长足的进步和发展 /021

第二章 | 商业 /026
一、商业发展 /026
二、明代中后期商品经济发达区域 /043
三、少数民族地区商业 /046

第三章 | 科学技术 /049
一、农学与水利工程学 /049
二、医学与药物学 /057
三、手工业技术及其著作 /063
四、天文、历法与数学 /069
五、地理学及其著作 /078
六、少数民族地区科技 /084

第四章 | 思想 /087
一、程朱理学与阳明心学 /087
二、实学思潮形成与发展 /094
三、欧洲传教士与基督教之传入及西学东渐 /101
四、晚明有关基督教之论争 /110
五、少数民族地区思想文化 /116

第五章 | 艺术 /119
一、从话本到小说 /119
二、传奇戏曲 /132
三、朱载堉创立十二平均律 /140
四、绘画与书法艺术 /143
五、少数民族地区艺术绚烂多彩 /150

第六章 | 风俗 /153
一、明代风俗变化以正德为界 /153
二、明代服饰 /157
三、饮食习俗 /164
四、皇宫与民居 /169
五、明代车舆制度及其变化 /176
六、岁时节日习俗 /179

第一章 农 耕

一、农业生产发展

明代科学文化的新发展，是与明代社会经济的发展分不开的。

经过元末长年战乱，明初人口凋零，土地荒芜，社会经济濒临崩溃。明太祖朱元璋为了巩固和扩大其封建统治基础，除加强封建专制主义中央集权统治的政治制度，还制定“招抚流亡”“奖励垦荒”和实行屯田等各项经济措施，重视水利建设，使农业生产迅速恢复和发展。明初二十来年开垦的土地和耕地面积不断增多，赋税收入成倍增长，人口不断繁衍。据《明太祖实录》记载，洪武元年（1368 年）全国州县开垦荒田 770 顷，洪武七年（1374 年）全国郡县开垦荒田 92.1124 万顷，到洪武十六年（1383 年）累年合计，全国开垦荒田已达 180.6478 万顷。到洪武二十六年（1393 年），审核查对田亩时，全国耕地总计为850.7624万顷。耕地面积扩大，为元末耕地四倍多。随着耕地面积扩大，纳税面积也大量增加，明朝廷的田赋收入已达到历史空前的水平。如据《明太祖实录》资料，洪武二十四年（1391年），全国征入的米、麦、豆、谷3227.8983万石，比元代成宗大德三年（1299年）、泰定帝泰定二年（1325年）征入的1211.4708万石，增加了近两倍。赋税收入的增加，使许多府、县等级也得到提升。据《明史·食货志》记载，明朝廷以赋粮多少定府、县等级，县以交田赋10万石、6万石和3万石以下，定为上、中、下三等；府以20万石以上、20万石以下和10万石以下，定为上、中、下三等标准。经过几年时间的恢复发展，许多原来定为下等的府、县都跃升至上等或中等。如昔日繁华的扬州城，元末时成为一片废墟，至正十七年（1357年）朱元璋攻克该城时，城中仅有居民18家，所辖之土地均荒芜，但到洪武八年（1375年）征收田赋十几万石，升为中等府；洪武二十六年征收田赋近30万石，跃为上等府。社会生活比较安定，农业生产恢复很快，促使人口迅猛增长。据《明史·食货志》载，洪武二十六年，全国统计有1065.287万户，有6054.5812万人口。这个人口数字，比元代鼎盛时期，即元世祖统一中国后至元三十年（1293）统计的5365万人口，增加了近700万人口。

总之，明初农业生产迅速恢复，为明代中后期农业生产发展打下了基础。而明代全国粮食产量的提高，与水稻产量显著增加有着直接的关系。

1. 稻米产量显著增加

我国为世界稻米原产地之一，已有 4000 余年栽培历史。南北朝时，稻米类型和品种，只有白、赤、小、大四五种。到了明代，稻农根据长年实践经验，根据光照时间长短和生长期长短而耕种早稻、中稻、晚稻；根据土壤水分的适应性不同而耕种水稻或旱稻。据李时珍《本草纲目》说："南方土下涂泥，多宜水稻。北方地平，惟泽土宜旱稻。西南夷亦有烧山地为畬田种旱稻者，谓之火米。古者惟下种成畦，故祭祀谓稻为嘉蔬，今人皆拔秧栽插矣。"南方种水稻，北方种旱稻，西南少数民族地区也有种旱稻的。明代稻农在长期实践中，对于深耕、选种、育秧、中耕、施肥、防虫等一整套耕作技术，积累了比较成熟的经验，而稻米类型和品种，则有了赤、白、紫、乌、坚、松、香等近百种。一般稻田，亩产两三石，或四五石，个别地区达到五六石的高产纪录。值得一提的是，历代稻米是一年一收，而明代浙江、福建等地大部分是双季稻。另外，还有一年内种一次、收获两次的再生稻，这类双季稻，据徐光启《农政全书》记载，"今世有黄稻、黄陆稻、青稗稻、豫章青稻、尾紫稻、青杖稻、飞青稻、赤甲稻、乌陵稻、大香稻、小香稻、白地稻、孤灰稻，一年再熟”。岭南广东某些地区，还出现了三季稻，亩产量自然更高。水稻产量较高，其播种区域还向长江以北地区扩展。鉴于北方麦田多、稻田少，隆庆、万历年间，徐贞明所撰《潞水客谈》主张开发西北水利，发展北方稻田，并在密云县燕乐庄、平谷县龙家务庄、三河县唐会庄等地试种稻田，取得了一定的成绩。值得一提的是，陕西盩厔的“线稜”、山东诸城的“海稻”，都是当时颇有声誉的优质大米。上述稻米生产发展意义重大，关系到明代全国粮食生产总水平。

明代全国粮食生产，稻米所占之比例是多少呢？先从《明实录》天顺八年至成化二十二年（1464—1486）所记税粮征收看，平均每年征收稻米 2207.7127 万石，麦 439.2073 万石。再从《万历会典》记载南、北直隶府州及 13 布政使司实征麦、米看，麦的实征洪武二十六年（1393 年）总计 471.29 万石，弘治十五年（1502 年）总计 462.5594 万石，万历六年（1578 年）总计 460.5243 万石；米的实征洪武二十六年总计 2472.945 万石，弘治十五年总计 2216.6666 万石，万历六年总计为 2203.3171 万石。根据上述一系列明朝廷田赋麦、米征收石数资料，按比例运算，可以得知，明代全国粮食产量中，稻米约占 7/10，这是农业经济发展的一个重要标志。

明代粮食总产量超过了前代，这是与明代稻米产量显著增加分不开的。明代稻米产量远远超过了前代。北宋稻米产量不高，当时只有江南、淮南、两浙、荆湖生产水稻，故北宋每年漕运上供稻米，定额仅几百万石。到了明代，北直隶大名府、南直隶苏州府及浙江、江西、湖广地区，都是稻米高产地区，故在民间流传“湖广熟，天下足”等谚语。

明代稻米产量显著增长，并使稻米进入商品流通领域，城市商品粮日益增多。如嘉定县不产米，完全依靠商品粮，福建泉州亦上靠吴越、下靠广东之商品粮。

总之，明代粮食产量的增长，从明朝赋率大致没有变动的情况下，税粮（指春、秋两次纳税，交纳粮食则称“本色”）和“折色”（指应征粮食，折价改纳银钱）都不断增长得到印证。如税粮在洪武时为2000万石左右，永乐时增至3200百多万石，“折色”洪武时为400多万锭，永乐时增至一千六七百万锭。正是由于粮食产量的提高，才使人们可以更多地从事于农业商品生产活动。

2. 小麦种植技术提高

小麦是明代主要粮食作物之一。河北、陕西、山西、河南、山东等地民众，大多以小麦为日常主食。因而，广大农民非常重视小麦的种植，并积累了丰富的经验。

宋代苏颂说，小麦秋种冬长，春秀夏实，具有一年四季中和之气，是五谷之中的珍品。他还说，南方地暖处亦可春种，至夏便可收割，然其品质，不如北方秋种之麦。

这正如明人李时珍说，“北麦皮薄面多，南麦反此”。当时对于小麦的种植，根据地区和种植方式的不同，有几种不同的方法，即有撮种、漫种、瓠种、耧种、区种和畦种之别。

撮种，亦称撮撒、点播，用麦种不多，然后施肥锄草，收割时产量亦多，这是南方种麦之法。漫种，亦称漫撒、撒播，用手将麦种均匀漫撒于地，然后用耙平整麦田，这是北方种麦之法，盛行于陕西、山西一带。瓠种，本是下种的农具，瓠之孔洞可贮存麦种斗许，下种于耕垄畔，随耕随下种，务使均匀，犁同时掩过，遂成沟垄。河北及辽东地带多用此法。耧种，是用耧车播种，经麦农不断改造，到晚明时创制一种新耧，于耧斗后下粪，耧播时随麦种而下，粪覆盖麦种上，使用尤为巧便。时称种莳，或称耩子、耧犁。区种，即分区耕种，把麦种在带状低畦或方形浅穴的小区内，区内草生锄之，有利于蓄水保墒，给北方多苦春旱的麦田提供了灌水便利。但明代麦农不满足于前人积累的分区耕种经验，而始创畦种法。畦种，是把麦田分成小面积的畦，稍有坡度，并且“土欲细，沟欲深，耙欲轻，撒欲匀”，对沟土、整沟和清理麦沟、撒播麦种都有具体的技术要求，比区种麦法更便于灌水保墒提高产量，而且有利于小麦与其他农作物套种。

明代小麦种植技术的提高，还体现在农具改造和功效上。如前述瓠种，旧制是两耧重构，窍瓠下之，颇拙于用，经明代改造成用手拿瓠种之木柄下种，为缺少劳力的农家带来方便，比耕耙耧砘更为省力。耧车，又称耧犁，早在汉代就已使用，其法三犁共一牛，类似明代三脚耧。然明代耧的制造，根据不同地区样式不一，有独脚耧、两脚耧、三脚耧、四脚耧等。河北、山东等地多有两脚耧，关西地区有四脚耧，用一牛挽之，播种功效更快。耧播后需要用砘车碾，明代改制的砘车不仅简便，而且转碾沟垄速度极快。

明代小麦种植技术的提高，还体现在重视麦田灌溉之利。所在河流湖泊，皆开渠引水浇灌，或凿井以溉田，且有翻车、筒车、牛转翻车、驴转筒车、架槽、戽斗、刮车、桔槔、辘轳等引水工具甚多。另外，麦农认为农耕之事粪壤为急，故很重视施肥，所谓“无灰不麦”，播种时一定施足底肥。麦农平时很注意积肥，除农居之侧置粪屋（池），还有踏粪之法，即将麦、谷子、玉米、豆类等秆子，收贮一处，每日累积三寸厚，并时常经牛、马等牲口蹂践、便溺、日久成粪。此外，还有苗粪法、草粪法、火粪法、泥粪法等。凡肥必自然腐烂而成，在麦田追肥过程中，既不骤用生肥，也不施之过多；肥力峻热，即烧杀麦苗。这些都是明代农民在生产实践中积累下来的宝贵经验。

随着种植技术的提高和生产经验的丰富，明代麦农也创作了不少广为流传的谚语。如农历八月略下雨是有益于小麦播种，故喜雨谚语云“麦秀风摇，稻秀雨浇”，预言来年丰收。又如“若要麦，见三白”等，“三白”是指农历腊月前三两番雪，大大有利于小麦越冬返青。大抵立夏后夜雨多，而麦花夜吐；雨多花损，而麦粒浮秕，故谚语云“二麦不怕神共鬼，只怕四月八夜雨”。这些谚语，都是麦农种植经验的结晶，有一定的科学道理。

明代小麦种植技术的提高，使小麦产量相应增加，这可从明代官府对田赋的征收得到印证。根据明人章潢《图书编》记载，南直隶、北直隶、13布政使司征收夏税麦，洪武二十六年469.152万石，弘治十五年增至518.4296万石又9斗4升，嘉靖二十一年（1542年）维持499.2134万石又4斗，其中尤以小麦高产区山东、山西、河南、陕西等地征收额甚大。根据《明实录》征收夏麦税记载，从成化二十三年（1487年）675.7362万石到弘治十七年（1504年）879.8989万石，这18年平均每年征收小麦839.6606万石。从上述《图书编》《明实录》大体得知，明代全国小麦产量增长趋势。正德、嘉靖年间夏税麦征收平均462万余石，据《明实录》记载，直到晚明万历三十年（1602年）、泰昌元年（1620年）夏税麦征收仍维持在400万石以上。当然，明代历朝夏麦税升降原因复杂，其中就有田地增减变化及自然灾害等因素，但从整体讲，有明一代随着小麦种植技术的提高而使小麦产量增加，远远超过了前代。

3. 棉花种植区扩展到大江南北

草棉和木棉，统称棉。本书所称的棉，即棉花，乃是草棉。明代种植棉花，在宋、元基础上，有重要发展。其最明显的标志是：在明代以前，民间穿的所谓布衣，都是用麻布制成的；而到了明代，用棉花纺纱织成的布，成为人们衣着的普遍原料。社会经济生活中的这一变化，与明初朱元璋强制推广种植桑、麻、棉政策，有着不可分割的关系。

据《明史·食货志》记载，洪武元年，朱元璋初立国即颁布一道政令：农民凡有田 5 亩到 10 亩，必须种植桑、麻、棉半亩。有田 10 亩以上，种植面积要成倍递增。赋税征收，麻每亩征银 8 两，棉每亩征银 4 两。栽种桑树，4 年后起科。不种植桑树，要上交绢 1 匹。不种植麻、棉，要上交麻布、棉布各 1 匹。此前历代均未以棉征税，而朱元璋用行政命令强制农民种植桑、麻、棉并首次征收棉税。洪武九年（1376 年），朝廷将应征税粮，折合成银、钞、钱、绢交纳，银 1 两、钱千文、钞 1 贯，皆折合上交米 1 石，小麦则减值 1/5；并规定棉布、苎布 1 匹，折米 6 斗、麦 7 斗；麻布 1 匹，折米 4 斗、麦 5 斗。足证短短 9 年，棉、麻社会经济地位发生重大变化，据主导地位的麻布让位于棉布、苎布。当时南方的嘉定、上海、太仓等地已成为产棉基地；其后，河南、河北、山东等地植棉发展更快。随着棉花产量增高，洪武三十年（1397年），户部受朱元璋旨意，规定：绢一匹，折米1石2斗。棉布1匹，折米1石；苎布1匹，折米7斗；棉花1斤，折米2斗。棉花和棉布升值，仅次于绢，说明棉花和棉布对人民经济生活的重要性日益突出，逐渐成为人们主要的衣料。

自古我国衣着是以丝、麻、葛、褐为原料，宋、元时只是局部地区植棉，故贫、富衣着有别。而明代棉花产量增高，种植区域扩大，直接影响着人民的经济生活。如明朝景泰、弘治时人丘濬在其所撰《大学衍义补》一书提及植棉时说："至我朝其种乃遍布于天下，地无南北皆宜之。人无贫富皆赖之，其利视丝枲盖百倍焉"，"使天下后世知卉服之利，始盛于今代"。嘉靖、万历时人李时珍也称赞说：棉花"宋末始入江南，今则遍及江北与中州矣。不蚕而（丝）绵（指棉花），不麻而（麻）布（指棉布），利被天下，其益大哉"。

本来宋代江南局部地区有棉花耕种，到了元代，陕西等地亦有植棉，且注意浇灌、除草，认识到稀种优于密植。明代在宋、元基础上植棉区域空前扩大，并且积累了丰富的经验。

明代棉田，种植时以清明、谷雨之际为佳。清明前作畦畛，土欲绝细，畦欲阔，沟欲深，施肥多少以田之肥瘠而定。植棉方法，有漫种、穴种。漫种方法简易，但下种宜密，锄棉难度大。穴种方法须极细密，穴四五核，锄棉去留容易。锄棉须七次以上，而夏至前多锄为佳，至八月间收花。每一尺作一穴，种五七核粒。漫种、穴种均属“密种薄收”，被棉农逐渐抛弃。据徐光启《农政全书》说，“齐鲁人种棉者，既壅田下种，率三尺留一科。苗长后，笼干粪，视苗之瘠者，辄壅之。亩收二三百斤以为常”，使山东“稀种多收”经验得以推广。如浙江余姚县效仿山东，“亦二、三尺一科，长枝布叶，科百余子，收极早，亦亩得二三百斤”。

明代中叶以后，棉农逐渐认识到：种棉“稀不如密”乃就“极瘠下田言之”，而“田肥自不得密”。并总结出棉花密种有四害：“苗长不作蓓蕾，花开不作子，一也；开花结子，雨后郁蒸，一时堕落，二也；行根浅近，不能风与旱，三也；结子暗蛀，四也。”他们还总结出棉花不成熟的原因，有四病“一秕二密瘠四芫。秕者种不实，密者苗不孤，瘠者粪不多，芫者锄不数”，这四病对棉花产量至关重大，故不可等闲视之。

明代植棉，注重棉田轮休、轮种、套种。凡农田来年计划种棉，当年决不可种小麦，以便休养地力，故当时谚语说：“歇田当一熟。”如“高仰田可棉可稻者，种棉二年，翻稻一年，即草根溃烂，土气肥厚，虫螟不生”。棉田种棉“多不得过三年，过则生虫”。若棉田三年不能轮种，“收棉后，周田作岸，积水过冬。入春冻解，放水候干。耕锄如法，可种棉”。套种大多采取穴种法，“预于旧冬耕熟地，穴种麦。来春就于麦陇中，穴种棉”。套种切忌种豆，豆的枝条伤棉，尤以赤小豆“害棉更甚”。

徐光启《农政全书》称，种棉宜“精拣核，早下种，深根短干，稀科肥壅”，这是对明代植棉规律的总结，有一定的科学道理。

4. 农作物品种进一步丰富

明代农作物，除稻米、小麦、棉花生产有显著发展外，蚕桑、豆类、高粱、烟草、甘薯、玉米等作物的生产均有发展，种类比过去历代丰富。

李时珍《本草纲目》说，桑乃蚕所食，蚕乃孕丝虫也，蚕丝可以衣被天下。有明一代，植桑养蚕经验非常丰富，知道鲁桑宜饲大蚕，荆桑宜饲小蚕，桑种宜新不宜陈，栽培桑种有压条法、栽条法、插条法、斫树法、科条法、劈接法等。当时植桑业有了发展，如据《湖州府志》载，湖州地区“尺寸之堤必树之桑”。养蚕者知道，选择茧种时，“十蚕九老，方可入簇”；蚕自大眠后数日桑叶足则丝足，不足则丝少；茧必早作而多丝，缫丝的关键在于保持其细、圆、匀、紧等。明代蚕桑业比较发达，据隆庆、万历时郭子章《蚕论》说，“东南之机，三吴、越、闽最夥，取给于湖茧；西北之机，潞最工，取给于阆茧”。“湖”指浙江湖州府，“阆”指四川保宁府治阆中县，这些都是当时蚕桑业最为发达的地区，它们的生产保证了南直隶苏州府和浙江、福建地区以及北方山西潞安府丝织业发展所需要的原料。

我国种植豆类，已有数千年历史，到了明代，大豆、小豆、绿豆、蚕豆、豌豆等品种经济价值高，种植面积不断扩大。如大豆，《尔雅》称戎菽，谓之荏菽；三国时魏人张揖撰《广雅》，称作菽。明代大豆，有黑、白、黄、褐、青、斑数色，据李时珍说，“黑者名乌豆，可入药，及充食，作豉”，黑豆、黄豆、白豆等均可做豆腐、酱、豆油，或以水浸湿生芽，为菜中佳品。小豆，《广雅》称荅，俗称赤豆、红豆。明代小豆有三四种，据李时珍说，“此豆以紧小而赤黯色者入药”，并且“可煮，可炒，可作粥、饭、馄饨馅并良也”。绿豆，乃以其色名，明代北方处处种植，南方亦间或种植，用途甚广。可入药，李时珍说“绿豆肉平皮寒，解金石、砒霜、草木一切诸毒，宜连皮生研水服”，“可作豆粥、豆饭、豆酒，炒食，麨食，磨而为面，澄滤取粉，可以作饵顿糕，荡皮搓索，为食中要物。以水浸湿生白芽，又为菜中佳品。牛马之食亦多赖之。真济世之良谷也”。蚕豆，原称胡豆，系指西汉张骞通使西域得此胡豆种归来。元代王祯《农书》说，其蚕时始熟，故名之。明代李时珍说，豆荚状如老蚕，亦通。蚕豆蒸煮，皆可便食，且为蝗虫所不食，故种蚕豆可解救当时农家灾年之急。蚕豆八月初种植，也可种在棉田中，冬天用花秸防霜。明代南方田地种植蚕豆较多，其中以四川尤多，四川人仍称胡豆。豌豆，古代又称胡豆、回鹘豆、毕豆、青斑豆等，出自西戎回鹘地区。故李时珍说，“豌豆种出西胡”，明代北方田地种植甚多。豌豆耐储存，且高产、早熟，“如近城郭，摘豆角卖，先可变物”，或“献送此豆，以为尝新，盖一岁之中，贵其先也”，因而豌豆田“熟时少有人马伤践”。可见豆类农作物，在明代人民心目中已经占据了重要地位。

高粱，又称蜀黍、蜀秫、粱秫。《农政全书》说，“蜀秫古无有也。后世或从他方得种”。高粱何时传入我国，待考。由于高粱适应性强，及其子、茎、秸秆的经济价值，明代北方已经普遍种植高粱，故徐光启说“北方地不宜麦禾者，乃种此。尤宜下地。立秋后五日，虽水潦至一尺深，不能坏之。但立秋前，水至即坏，故北土筑堤二三尺，以御暴水。但求堤防数日，即客水大至，亦无害也”，他还说，“秦中碱地，则种蜀秫”。

烟草，又称相思草，葡萄牙文称淡巴菰，是明代万历末年发展起来的农作物。它从吕宋（今菲律宾）传入漳州、莆田，很快就在福建、广东各地推广种植。据清初叶梦珠《阅世编》记载，“吸之可以醉人”，故烟草当时“号曰乾酒”。崇祯年间，烟草的种植与吸食已经很广泛，明朝廷曾严禁烟草，即“民间不许种植，商贾不得贩卖，违者与通番等罪”，于是“种烟遂绝”。看来当时禁吸、禁种、禁卖烟草是取得了一定的效果。但是明朝灭亡后，“顺治初，军中莫不用烟，一时贩者辐辏，种者复广，获利亦倍”，烟草种植再次广泛起来。

甘薯，实际指山药与番薯。据晋代嵇含《南方草木状》载“甘薯，薯蓣之类，或云芋类也”，即俗称山药、山薯，产自我国，栽培历史久远。甘薯一名番薯，是从吕宋传入我国，清初周亮工《闽小记》说：“番薯，万历中闽人得之外国。瘠土、沙砾之地皆可种。”番薯在明末是一种新鲜的农作物。《农政全书》介绍比较详细，“近年有人，在海外得此种……分种移植，略通闽、广之境也”，还说“今番薯扑地传生，枝叶极盛。若于高仰沙土，深耕厚壅，大旱则汲水灌之，无患不熟。闽广人赖以救饥，其利甚大”。明末农学家认为，“甘薯所在，居人便足半年之粮。民间渐次广种，米价谅可不至腾踊矣”。甘薯还可造酒，故极力主张北京及诸边之地栽培甘薯，“可令天下无饿人也”。

玉米，亦称玉麦、玉蜀黍、御麦、番麦等。嘉靖、隆庆时人田艺蘅所著《留青日札》说：“御麦出于西番，旧名番麦，以其曾经进御，故曰御麦。”还说，当年浙江“传得此种，多有种之者”。玉米是明朝时候传入（其具体年代待考），适应性强，有易种、高产特点，故推广种植也比较快。据嘉靖年间《广西通志》《钧州志》等有关资料记载，当时广西、河南、甘肃、云南、江南等地种植玉米，已经比较普遍。

总之，明代蚕桑业发达，豆类和高粱种植面积扩大，对改善人们衣食生活意义重大，特别是烟草、甘薯（白薯）、玉米的传入和推广，更加丰富了农作物的品种，是明代农业生产的一个重大成就。

二、农业发展为手工业发展提供了条件

明代农业蓬勃发展，农作物进一步丰富，使得人们可以更多地从事手工业生产，从而为手工业发展创造了条件。明代手工业发展的突出特点，表现在专业手工作坊增加，民营作坊逐渐超过官营作坊。就其背景来说，由于广大手工业者坚持长期斗争，成化年间官府开始允许“匠户”以银代役，到嘉靖年间就完全实行“匠班银”制度，废除官营作坊匠户徭役制，使手工业者得到一定程度的人身自由，从而有利于民营作坊发展。

明代手工业，以丝棉纺织业发展最快。明初仍以官营作坊占主要地位，当时在京师、苏州、杭州、松江、嘉兴、湖州以及成都、济南等 20 多个城市，都设有官府的织染局。后来，民营作坊的发展便超过了官府。东南沿海是民营作坊最发达的地区，特别是苏州，成为当时全国丝织中心。苏州府所属太仓、嘉定等县，家家从事丝织生

产，机杼之声彻夜不息，已成为当地人民一项重要的谋生手段。松江是全国棉织业中心，无论城市或乡村，家纺户织，所生产的布匹供应全国使用。据叶梦珠《阅世编》记载，松江府标布以上海县三林塘所生产的最为精良，使各地“富商巨贾，操重资而来市者，白银动以数万计，多或数十万两”。正因为如此，嘉靖、万历时人张瀚在所撰《松窗梦语》说：“今三吴之以机杼致富者尤众。”随着丝棉纺织业的发展，纺织工具也不断得到改进，如出现了络丝速度快、效率高的络车，以及比过去五六十蹑大大简要的12蹑或2蹑织机，比过去丝织机构造复杂、效率高的花机，1人当3人或当4人不等的木棉搅车，比过去拨车日得八倍的木棉轩床，比过去纺合棉线速度快的木棉线架，等等。

冶铁业在明代以前一直是由官府垄断，到明代开始有了变化。洪武时在江西、山东、湖广、山西和广东等地设有13个冶铁所，每年输铁约740余万斤。永乐年间，增设四川、北直隶、辽东等5处冶铁所，每年输铁约1800多万斤，并继续扩大官府经营的规模。如在北直隶蓟州开设全国最大的遵化冶铁厂，占地4000余亩，役使工匠2500余人，炼铁炉高一丈二尺，每炉熔铁矿砂2000余斤。同时，明初矿禁政策有所松弛，以三十取二的税率，准许民间自由开采。从永乐元年（1403年）至宣德九年（1434年）的31年间，民矿产量激增7倍，总数达800万斤。到天顺七年（1463 年），仅山西阳城一地，民矿产量即达 750 万至 900 万斤。特别是广东佛山镇的冶铁业，主要是由商业发展起来的。据清初屈大均《广东新语》称，其“工擅炉冶之巧，四方商贩辐辏焉”，冶铁技术有了明显的进步，炼铁炉“日得铁二十版”，每版重达 300 斤，日产铁 60000 斤左右。除生产传统的兵器、农器外，细如针、钉、铁丝，大如万斤钟鼎、船锚，畅销国内各地，所谓“一铁场之费，不只万金”。由于商品经济繁荣，金属货币流通量增大，采铜业和采银业也应运发展起来。如嘉靖时所铸“嘉靖通宝”，所需原铜主要是由民矿供应。白银除从外国大量流入银币外，国内开采量也大大增加。如据赵南星《赵忠毅公文集》载，万历年间山西商人张守清在山西五台山开采银矿，雇工达 3000 人，可见其规模不小。

明代制瓷业生产中心，仍在江西景德镇。洪武年间在该处设有御窑 20 座，宣德年间增至 58 座，而民窑的发展却超过 900 座。明代中叶以后，全国的民窑很多，几乎到处都有。生产过程中，分工越来越细。从竹刀旋坯到陶车旋刀，从刷釉、浸釉到吹釉，色彩更加富丽、均匀，在生产规模上，每窑能烧制小瓷器上千件，这都说明了明代制瓷技术达到了新的水平。官窑瓷器，以宣德年间青花瓷、成化年间五彩瓷最为精美，到万历年间瓷器则具有质薄轻巧、造型多样等特点。著名的民窑有壶公窑、小南窑、崔公窑、周窑、处州窑等等。

造船、造纸、印刷、制笔、制盐、制糖等行业，在明代也有发展。

造船业比较发达，淮安、南京、福建、广东、山东等地都有官营造船厂。运河城市通州、天津、临清等造船厂皆集中在淮安府清江一带。造船厂规模比较大。仅淮安府辖清江厂轮班造船工匠就有 6000 人，分工较细，每年能造 560 十艘船。又如位在南京秦淮河入江口处的龙江宝船厂，造出郑和下西洋所乘的远洋海船，长 44 丈、宽 18 丈，有 12 桅，可容千人，这在当时世界造船行业中仍属于先进水平。

造纸业以浙江、福建、安徽、湖南、江西等地比较发达。明初政府多半在著名产地设有“官局造纸”，如连七纸、观音纸、宣纸等就是江西、浙江官营纸坊的产品。明代中叶以后，随着民间纸坊增多，生产不同用途的纸也日见繁多，纸张质量大为提高，诸如毛边、连史、棂纱、川连、竹纸、柬纸、绵纸、火纸、冥纸、皮纸等等，高级的还有洒金五色粉笺、印金五色花笺、磁青纸等等。

印刷业集中在东南沿海经济和文化都比较发达的地区，如无锡、苏州、南京的民间印坊很多，当时一般盛行铜活字印刷。嘉靖年间，在丹徒一带出现了铅活字印刷，使印刷业进入了鼎盛时期。

制笔业以湖州府归安县所产的毛笔最为著名。此笔乃元代冯应科、陆文宝特制。入明后，归安县善琏村居民大半能制此笔，使湖州之笔冠于天下，湖笔之盛名一直传到今天。

制盐业有海盐、井盐、池盐之区分，明初朱元璋立盐法，置局设官，掌握盐务。盐的产量随着社会经济发展也不断提高，如陕西灵州盐课司所辖灵州大小盐池、漳县盐井、西和盐井，洪武年间，岁办盐 350 余万斤，而到万历年间，3 处共办盐 1250 余万斤。又如四川盐课司所辖盐井 17 处，洪武时岁办盐 1012.7 万余斤，弘治时办盐 2017.6 万余斤。《明史·食货志》说“淮盐直贵，商多趋之”，而两淮盐运司盐商纳引税额亦多。洪武时，岁办大引盐 35.2 万余引，“弘治时改办小引盐，倍之。万历时同”，岁入太仓余盐银 60 万两。两浙、长芦（长芦镇，今河北沧州）、山东、福建各盐运司盐商纳引税额，岁办大引盐共计 53.13 万引，岁入太仓余盐银 36.2 万余两。两淮税额最多，足证其产量最多。另外，当时沿海各产盐区，采用并推广了日光晒盐的新方法，降低了制盐的成本。

制糖业也有发展，据清初刘献廷《广阳杂记》载，“嘉靖以前，世无白糖。闽人所熬，皆黑糖也”。嘉靖年间，糖局雇工改进生产技术，研制出“色白如霜雪，味甘美异于平日”的糖，“白糖自此始见于世”。

此外，驰名世界的“景泰蓝”，是明朝景泰年间新兴的一种作法精良的实用美术手工艺品。

三、少数民族地区农业有长足的进步和发展

明朝基本上实现了我国众多民族的统一，各少数民族地区经济、文化有了新的发展和进步。从主流来看，各少数民族之间彼此交融，互相促进，从而充实并丰富了明代经济、文化历史。

蒙古族是明朝北方势力最大的少数民族。洪武元年明军攻克元大都后，元顺帝和蒙古贵族退到漠北草原及东北等地。另外，还有大量蒙古族人民仍留居内地、南方和西北各地，与汉族和其他各族人民友好相处。明代蒙古经济以畜牧业为主，而农业在明朝经“土木之变”“庚戌之变”等战争的严重破坏，只有兀良哈三卫、吐鲁番、哈密以及大山以南地区，仍有部分蒙古人从事农耕。俺答汗时期，即明嘉靖年间，招引大批汉族农民进入土默特地区，对蒙古草原农业生产的发展起着积极的作用，特别是漠南蒙古地区的农业生产发展很快。这些地区除种植稻、麦、豆、黍等粮食作物外，还传入瓜菜培植和家禽饲养技术，使当地农业有长足的进步和发展，成为俺答汗各部的主要粮食供应地。与此同时，俺答汗大量引进汉族、藏族工匠，使蒙古手工业逐渐发展起来，如于丰州滩兴建城堡（隆庆时称归化，即今呼和浩特），并日有锻铁业和铸造业，制造

犁、铧、锄、镐、镰刀等农具，编织、刺绣、首饰加工等业也都有发展。

西藏地区明代称乌斯藏，或称西番。藏族农牧业生产并重，主要分布在乌斯藏以及青海、甘肃、四川、云南的部分地区。明政府政策较为稳妥，使当时藏族人民基本上保持着安定局面，农牧业和手工业都有了发展。青海、朵甘以及乌斯藏东南雅鲁藏布江滨一带的农业区，不断扩大开垦，种植小麦、荞麦、粟米、青稞等，青海地区还逐年丰收。乌斯藏和朵甘地区，大部分藏族人主要从事畜牧业，饲养马、牦牛、绵羊；用牦牛和黄牛交配而生的犏牛，是当地最具耐劳、耐寒、耐饥的优良品种。手工业已发展到较高水平，如毛纺织品氆氇，既是藏族人日常衣着、被盖的主要原料，又是向朝廷进贡和藏、汉交易的主要物质。手工生产的腰刀、盔甲、铁甲、马鞍、木碗及金、银、铜、玉石等装饰品，也是进贡和民间交易的常见物质。

维吾尔族明代称畏兀儿，分布在嘉峪关以西和天山以南的广阔地域内。洪武、永乐年间，明政府在这一地域内设立安定卫、阿端卫、典先卫、哈密卫、罕东卫、沙州卫、赤斤蒙古卫，其目的用宣德皇帝朱瞻基的话说，“保境，睦邻”，保卫国土，维护各民族团结，并且于成化年间又设置罕东左卫。从而使该地区畏兀儿人生活相对稳定，并有利于与周围各族交流，促进当地经济发展。畏兀儿人在哈密、吐鲁番、火州（故址在今新疆吐鲁番市东南）、柳城（今新疆鲁克沁）及南疆的哈实哈儿（今新疆喀什）、于阗（今新疆和田一带）等地的绿洲从事农业，种植穄、麦、豆、棉、麻类作物，并大力发展园艺，培育出各种葡萄、桃、李、枣、瓜、葫芦等优良瓜果品种，如当时以个小甘甜无核的锁子葡萄尤为著名。别失八里（今新疆吉木萨尔之北）至亦力把里（今新疆伊宁）一带的畏兀儿从事游牧业，牧放牛、马以度日。手工业也有较大发展，所产之镔铁刀、铁锉、小刀等都很有名，纺织业能织出胡锦、花蕊布、白叠布和各种毡毯。

回族，是回回民族的简称。明代回族人口大量增加，已分布到全国各地，其中以西北（今新疆哈密、鲁克沁、吐鲁番及陕西、甘肃、宁夏）、云南、运河沿岸、南北两京、长江中下游沿线人口较多，而西北的河西走廊、陇右和陕西则是回族的主要聚居区。其他地区，还出现了一些新发展起来的回族聚居村落。随着明代经济的发展，回族经济也有发展。回族村落，一般农牧结合。他们的农业生产，与汉族杂居地区，基本上与当地汉族类似。手工业还保留了许多特色，如制香、制药、制瓷和清真食品制作等。

居住在东北的满族，明代称满洲，是女真族的后裔。永乐七年（1409 年），明朝廷建立了奴儿干都司。当时，女真族人在东北分为建州、海西和东海三大部，均隶属于奴儿干都司。女真族与汉族、蒙古族、朝鲜族有着密切的经济联系，但是女真族各部经济发展不平衡，东海部生产落后，以捕鱼射猎为业。海西部除狩猎外，主要从事畜业和农耕。建州部生产发达，农业生产居重要地位。海西部、建州部在汉族影响下，铁制农业生产工具逐渐靠自己制造。随着农业生产的发展，手工业也有发展，如有了自己的冶铁业，打造箭镞、改制铁器等。

明代湖广、四川、广西、广东、云南、贵州等地，居住着苗、僮（壮）、瑶、土家、罗罗（彝）、百夷（傣）、黎等众多少数民族。洪武年间，明朝廷在上述少数民族聚居地区推行土司制度，任用当地少数民族酋长担任土司、土官，对巩固明朝统一有积极作用。后来，随着各少数民族社会经济发展和明朝统治力量加强，明朝廷又逐步实行“改土归流”，用可以调迁的流官代替土官，直接管辖这些地区，并加强了他们与其他各族交往，不仅促进了当地经济发展，而且使明代中央集权统治进一步加强。洪武年间，明朝廷开展屯田，向这些地区运去大批耕牛和农具，推广内地汉族生产技术，对这些地区的农业生产发展起了很大的推动作用。所以，明代这些少数民族地区，均以农业为主。如生活在湖广、贵州、四川、广西、云南部分地区的苗族，绝大多数以农业为主，生产技术有很大进步，从播种到收割农具齐全，农田注重水利灌溉，黍、稷、小麦种植区域扩大，农作物品种更加丰富。壮族主要聚居在广西和云南部分地区，宋代时农耕落后，牛耕不普遍。到了明代，不仅牛耕普遍，而且注重水利灌溉、稻田分秧易栽、改良土壤、防治病虫害等先进技术，农业生产有了较大的发展。壮族多与瑶族杂居，两族农业水平大体一致。生活在湖南、湖北、四川边界山区的土家族，农业发展水平与苗族、壮族大体一致。聚居在贵州、四川、云南、广西部分地区的彝族，其中一部分地区以畜养牛马、射猎为主，一部分地区以农业为主，一部分地区同时从事农业和畜牧业，农业生产有了很大的发展。聚居在云南元江以西的傣族人民，从事农业生产，也兴修了一些水利工程，到万历年间农耕已由锄耕进步到牛耕，稻米由一年一熟进步到一年两熟。聚居在广东琼州府（海南岛）的黎族，农业较前有显著发展。居住在山中的黎族人民，已经普遍使用铁器。居住在平地的黎族人民生产水平较高，他们种植水稻、棉花，水田栽种的是一年两熟稻。另外，上述少数民族地区手工业也有发展，尤以纺织业比较突出，如苗族的苗锦和五色布、彝族毡衫、壮族纻布和壮锦最为著名，而壮族纻布夏凉离汗，畅销全国。

第二章　商　业

一、商业发展

明代社会经济的发展，推动了商业发展。嘉靖、万历年间，国内贸易繁荣，商人足迹遍及各地。随着商业资本的活跃，出现了地域性商帮。自隆庆、万历年始，东南沿海商人下海通商异常活跃，漳州府海澄县月港成为海外贸易中心。工商业城镇如雨后春笋般涌现在江南、东南沿海和运河沿岸等地。生产资料在商品交换中的地位更加突出，生产区域分工日趋明显。

1. 国内贸易繁荣

明代中叶以后，国内贸易繁荣。全国水陆运输四通八达，商人进行各种贸易活动，足迹遍及东南西北各地。四方财货，骈集于诸多繁盛之城市。

首先是北京，不仅是全国政治中心，还是重要的商业城市，全国各地百货云集。特别是正阳门南的外城，商人集中各类商品，进行各种贸易，故商店林立，并出现因货名地，诸如果子市、猪市口、鲜鱼巷、细米营、菜市大街等街道胡同之名称。张瀚《松窗梦语》说，京师"器具充栋与珍玩盈箱，贵极昆玉、琼珠、滇金、越翠。凡山海宝藏，非中国所有，而远方异域之人，不避间关险阻，而鳞次辐辏，以故畜聚为天下饶"，是云集四方百货、贸易最发达的城市。

其次是南京，乃朱元璋开国之首都，而且地处经济发达的江南地区，因而在政治上和经济上都处于重要地位。当时贸易都是用银钱计价，而南京重要交通枢纽镇江，当时有"银码头"之称，足见南京的货币流通量是很大的。故《松窗梦语》说：南京"北跨中原，瓜连数省，五方辐辏，万国灌输。三服之官，内给尚方，衣履天下，南北商贾争赴"。南京聚集南北各地货物，并出现商人存放货物的仓库（时称"塌房"），是贸易繁荣的城市。

再其次是国内四方贸易情况。畿辅地区自北直隶广平府、大名府、顺德府至山西平阳府，乃"东西腰膂，南北舟车并集"。自天津至直沽、渔阳，"犹海运之故道也"。河间府、保定府，"商贾多出其途，实来往通衢"。其中特别是天津，据《畿辅通志》载，"地当九河要津，路通七省舟车"，"江淮赋税由此达，燕赵渔盐由此给。当河海之冲，为畿辅门户"，是海运、河运漕粮必经之地，促使当地贸易繁荣。故《天津卫志》载，明中叶天津商业已有十集一市。山东商旅西走赵州、魏县，北输沧州、河间，而聚集在水陆交通必经的德州、临清、济宁之间，推动当地贸易繁荣。如万历年间临清已有缎店 32 座、布店 73 座。登州、莱州三面临海，“利在鱼、盐，舟车牵挽，劳役无休时”，一派商旅贩运繁忙景象。山西有鱼、盐、枣、柿之利，经商者甚多，“独蒲坂一州，富庶尤甚，商贾争趋”。据沈思孝《晋录》载，“平阳、泽、潞豪商大贾甲天下，非十万不称富”。陕西多驴、马、牛、羊、旃裘、筋骨，多商人，然而都聚集在沂州、雍州以东，西至河池水、华池水沃野千里间，以三原县集聚最多。如关中“有张姓者，世以畜牧为业，以万羊称，其畜牧为西北饶，富甲于秦”。河南，物产富饶，水陆交通极为便利，“商贾乐聚”，贸易活动“达于四方”。

江南，松江、苏州、常州地区，商业繁盛，故“其民利鱼稻之饶，极人工之巧，服饰器具，足以炫人心目，而志于富侈者争趋效之”，“东南之利，莫大于罗绮绢纻，而三吴为最”。苏州等城有众多经营布匹、颜料、木器等日用百货、南北杂货等店铺。松江何良俊《四友斋丛说》说“今去农而改业为工商者，三倍于前矣”，叶梦珠《阅世编》亦说当地“富商巨贾，操重资而来市者，白银动以数万计，多或数十万两”。浙江桑麻遍野，“蚕丝绵苎之所出，四方咸取给焉”。丝织品贩运至各地，乃至陕西、山西、北直隶、河南等地大商人，“不远数千里而求罗绮缯币者，必走浙之东也”。庐州府、凤阳府以北淮阴地区，“煮海之贾，操巨万赀以奔走其间，其利甚巨”。自安庆府、太平府至宁国府、徽州府地区，“其民多仰机利，舍本逐末，唱棹转毂，以游帝王之所都，而握其奇赢”。休宁县、歙县“贾人几遍天下”。江西，景德镇是全国瓷器产销中心，而南昌府、饶州府、广信府物产丰富，“以多行贾”，南安府、赣州府为“商贾入粤之要区”。湖广地区，“其民寡于积聚，多行贾四方。四方之贾，亦云集焉”。汉口是联系北方、西北与西南、南方商业贸易的枢纽；沙市，据刘献廷《广阳杂记》载，“舟车辐辏，繁盛甲宇内”，也是商业重镇。四川，绵州、叙州府、重庆府、夔州府“唇齿相依，利在东南，以所多易所鲜”，用自己的商品生产和东南地区商品进行交易。保宁府蚕桑业发达，并通过商人为西北地区丝织业产销基地潞安府提供原料，故“有丝绫文锦之饶”。云南，“土沃饶食，不待贾而贾恒集，以丹砂、朱汞、金碧、珍贝之所产也”，云南府（即昆明）贸易亦很活跃。

此外，广东、福建等沿海地区，随着对外贸易的开展，广州、漳州、泉州、福州等地都是著名的海外贸易港口，也相继兴起佛山、肇庆、潮州、琼州等市镇，不仅是明代海外贸易商品重要集散地，而且是国内贸易发展的重要地区。

宋应星作为历史见证人，在《天工开物·序》中说："幸生明极盛之世，滇南车马，纵贯辽阳；岭徼宦商，衡游蓟北。为方万里中，何事何物不可见见闻闻?"这足以证明明代中叶以后，国内市场远途贸易相当活跃。刘献廷《广阳杂记》说，"天下有四聚，北则京师，南则佛山，东则苏州，西则汉口"，是有道理的。正因为如此，全国的政治中心北京"四方货物骈集"，全国最大的城市南京"南北商贾争赴"，是明代商业发展的生动体现。

2. 涌现出地域性商帮

明代远途贸易发达，促进了广大商人势力的发展，并涌现出晋商、徽商、闽商、吴越商、粤商、陕商等著名的地域性商帮。其中有的商人拥资达数万两、数十万两或百万两白银。在此仅介绍晋商、徽商。

晋商依靠山西农业、手工业发展，逐渐成为江北巨大的商帮。

经营盐业是晋商主要特色，黄河之畔平阳府解州盛产池盐，解州城东有盐池，西北有女盐池，所属安邑县西南有盐池，另外蒲州猗氏县东南也有盐池。据《明史·食货志》记载，解州池盐供应陕西之西安、汉中、延安、凤翔四府食用，供应河南之归德、怀庆、河南、汝宁、南阳五府及汝州食用，还供应山西之平阳、潞安二府及泽、沁、辽三州食用，其中陕西延安府隆庆年间改食宁夏卫灵州盐，凤翔、汉中二府崇祯年间亦改食灵州盐。解州盐池虽由河东盐运司所辖，然在供应陕西、河南各府食用盐过程中，晋商是最能积累为巨富者的。嘉靖年间，王世贞《弇州史料后集》谈到严世蕃积赀满百万两时，说“积赀满五十万（两）以上，方居首等”的“天下富家”有 17 家，其中有“山西三姓”“徽州二姓”商人。隆庆、万历时沈思孝所撰《晋录》说，“平阳、泽、潞豪商大贾甲天下，非数十万（两）不称富”。平阳府是供应延安府解州池盐必经之地，又盛产煤、铁、陶瓷；泽州、潞安府是南下河南必经之地，泽州所属高平县盛产铁，潞安府盛产丝织品（后文另述），因而这 3 个地区出现拥有资本数十万两白银的“豪商大甲”，绝非偶然。“蒲坂一州”，实指蒲州，其黄河津渡处蒲坂津与陕西同州朝邑县隔河相望，东邻解州，是晋商贩运西安府、凤翔府、汉中府池盐必经之地，所以张瀚《松窗梦语》说，“独蒲坂一州，富庶尤甚，商贾争赴”，勾画出一幅当时晋商贩盐贸易的图画。由于受到贩运解州池盐的影响，据《同州府志》记载，“朝邑富人尤甲一郡焉。画栋连骑，高赀相耀，华丽之习，其居使之，而尚无奢僭不轨者。盖秦俗人俭，而地邻于晋，不能不渐染啬风，所以富不逾移，不得谓非其俗之善也”。这是陕人经营晋盐致富例证。

晋商除经营盐业外，亦从事贩卖丝织品、陶瓷等贸易活动。如潞安府是山西、陕西等地区唯一的丝织品生产基地，其产品工艺细致、精巧，故《农政全书》引郭子章《蚕论》说，“西北之机，潞最工”。晋商远途到蚕丝业发达的四川保宁府采购原料，供应潞安府需要，即所谓“取给于阆茧”。除满足京师织造需要外，晋商又将潞安府丝织品运到各地销售，有的晋商“不远数千里而求罗绮缯币者，必走浙之东也”，因而出现了“非数十万（两）不称富”的“豪商大甲”了。正如谢肇淛《五杂俎》说“山右或盐或丝，或转贩，或窖粟，其富甚于新安”。

山西毗邻陕西，出于地理上方便的原因，晋商、陕商西入陇、蜀，东走齐、鲁，往来交易，故二者常被合称“秦晋大贾”，其活动范围大体一致。《五台新志》描述晋商“皆服贾于京畿、三江、两湖、岭表、东西北三口，致富皆在数千里或万余里外，不资地力”。晋商“服贾”地区很广，与徽商同样成为明代远途贸易的活跃力量。

徽商，是指江南以新安江流域为中心的徽州府商人。明代徽州手工业以徽墨、徽纸、徽漆、茶叶最为有名，而徽商在推销这些手工业产品活动中积累了不少经商经验，明代中叶前后则是徽商鼎盛时期。

徽商究竟靠什么致富呢？谢肇淛《五杂俎》云，“新安大贾，鱼盐为业，藏镪有至百万者，其它（他）二三十万，则中贾耳”，经营盐业，为徽商主要特点。他们获得利润很大，并且经常贩卖私盐，绝非一般商人所为。据嘉靖、万历时徽州府歙县人汪道昆在其《太函集》中所述，当时徽商在各地经营盐筴（即整理记录食盐者户口册籍）甚多，如："吾郡中称闾右世家，首东门许氏……客东吴并以盐筴贾"；"介夫姓朱氏，休宁屯溪人，父性以盐筴客武林"；"于时贾闽、贾吴，业骎骎起，以盐筴贾淮海、江汉，并起不赀"，福建、浙江、两淮、汉口等地都有徽商经营盐业的踪迹。汪道昆还说，"吾乡（徽州）贾者首鱼盐，次布帛，贩缯则中贾耳"，足证徽商经营商业致富的项目很多。由于徽州多山，为缺米、盛产木材地区，故徽商在浙江、江西、湖北等地经营粮食贸易，在京师、福建等地经营木材贸易活动。

总之，徽商经营项目很多，其经营活动区域相当广泛。首先，当时的南京、苏州、扬州、武进、无锡、松江等商业区，为徽商最为活跃的地方；其次，江西、湖南、湖广、山东、河南、陕西、北直隶等地，也都是徽商活动之处，并与闽商、浙商、粤商在广州共同参与海上贸易活动。

3. 海外贸易活跃

明初实行锁国政策，禁止商人从事海外贸易活动。但由于社会经济的恢复和发展，社会的客观要求扩大海外贸易，所以明成祖朱棣即位后，一方面恢复了洪武年间宁波、泉州、广州三市舶司，接待日本、琉球、占城（今越南中部）、暹罗（今泰国）和西洋（印度洋）诸国商人。

明时来华的外国使者和商人很多，如永乐二十一年（1423年）到达南京的古里佛（今印度西南沿海的卡利卡特一带）、忽里模子（今伊朗东南部）等16国使者和商人，就有1200余人之多。另一方面，明廷先后7次派遣郑和下西洋，加强与海外各国的联系。

郑和第一次远航，是在永乐三年（1405年）七月，分乘由南京龙江宝船厂制造的62艘“宝船”，载有水手、卫兵、工匠、医生、翻译共27000多人，以及大量精美瓷器、铜器、铁器、金、银、文绣和绢帛等物，从苏州刘家港（今属太仓浏河）出发，沿长江口和东南沿海经占城、爪哇（今印度尼西亚爪哇岛）、苏门答剌（今印度尼西亚苏门答腊岛）、狮子国（今斯里兰卡），到达印度古里佛，永乐五年（1407年）返航回国。后来又连续出使6次，每次都带出大量的传统商品，带回各国特产，诸如香料、染料、药材、硫黄、珠宝和奇兽等。最后一次，是在宣德五年（1430年）十二月从南京龙湾（今南京市下关附近）出发，沿我国领海经占城、爪哇、苏门答剌，到古里佛后除直航忽里模子外，又分遣一支队横渡西洋进入红海，远达伊斯兰教圣地天方（今沙特阿拉伯麦加），于宣德八年（1433年）返航。前后七次，历时28年，途经30余国，南达爪哇、古里地闷（今东帝汶），北到忽里模子、天方，西到西洋西海岸木骨都束（今非洲东岸索马里摩加迪沙）、麻林（今非洲东岸肯尼亚的马林迪一带）等地。这是我国对外关系史上和世界航海史上一次空前的壮举，它比意大利人哥伦布和葡萄牙人达·伽马发现新航路还要早半个世纪以上。郑和七次远航积累了许多航海经验，打通了不少中西交通的航道，加强了明朝与亚非各国的联系，对世界航海事业做出了重大贡献。当时东南亚各国也纷纷遣使来中国回访，如渤泥（今印度尼西亚加里曼丹岛）、苏禄（今菲律宾苏禄群岛）、彭亨（今马来半岛东部）国王也亲自访问中国，带来珍珠、宝石、玳瑁、象牙、乳香、檀香、胡椒、苏木等物，带回金、银、钱钞、伞扇、金织文绮、纱罗、帐幔等物。直到今天，这些地方还在纪念郑和，如印度尼西亚爪哇岛中部一地以“三保垄”命名，并有“三保公庙”，马来西亚有“三保山”，泰国建有“三保塔”，印度的卡利卡特、科钦都建有纪念碑。

中日两国是一衣带水的近邻，两国人民友谊源远流长。虽然明初出现了倭寇患乱，到嘉靖年间倭患大大加剧，但有明一代中日两国政府、两国人民之间的经济文化交流从未间断过。明朝政府在浙江宁波设立的市舶司，主要目的是为了管理对日本的贸易活动。为了预防倭寇假冒日本使者和商人，宁波市舶司实行“以金叶勘合表文为验”制度，“勘合”就是贸易凭证。日本商船须持有明政府颁发的勘合，才准许来中国进行贸易活动。永乐初年，限制日本每 10 年贸易一次，商人人数为 200 人，商船为两艘。后来贸易的发展，打破了洪武、永乐时的限制，所以宣德初年放宽，规定日商人数“毋过三百，舟毋过三艘”。实际上，日本来中国贸易的商人、商船，远远超过了上述的规定。日本输出的大多为刀、扇、鹿皮、硫黄、苏木、马、生红铜、玛瑙、黑漆器皿等物，中国输出的主要是银钱、绸缎、布帛、陶瓷、古器、书画等物。

中国和朝鲜是山水相连的邻邦，两国人民的友谊有着悠久的历史。明朝与朝鲜始终保持着友好关系，两国使者和商人往来不断。马和牛是朝鲜向明朝大批输出的商品，据吴晗编《朝鲜李朝实录中的中国史料》有关记载统计，明初洪武、建文、永乐三朝，从朝鲜输入马 7 万多匹、牛 16200 头，这对加强明朝军事力量、促进明朝北方农业的恢复和发展，起到了重要作用。此外，朝鲜还向明朝输出苎麻布、高丽贡纸、折扇等物。明朝作为回报，则向朝鲜大批输出绸缎、布匹等纺织品，如洪武二十六年（1393 年）一次输出到朝鲜的各色纻丝、棉布 19760 匹，建文三年（1401 年）一次输出朝鲜绸缎、布匹 9 万余匹，永乐年间输出朝鲜绢、布 21 万余匹。此外，明朝还向朝鲜输出大批药材和胡椒、白糖、珍珠及手工制品等物。

明代中后期海外贸易，面临着欧洲人东来的国际形势。从 16 世纪开始，欧洲一些国家逐步进入资本主义的原始积累阶段，大力开拓海外殖民地。如正德六年（1511 年），葡萄牙人侵占了满剌加（马来亚古国，都城马六甲），横行海上，并闯进了我国广东广州府东莞县的屯门岛，进行海盗剽劫活动。葡萄牙殖民者从嘉靖三十六年（1557 年）开始，在我国领土澳门筑城建房，设官管理，严重地破坏了明朝中国的主权，并引起当地人民的强烈反对。继葡萄牙后，西班牙于嘉靖四十四年（1565 年）侵占了吕宋，荷兰于万历四十七年（1619 年）侵占了爪哇，进行殖民统治。天启二年（1622 年），荷兰与葡萄牙争夺澳门败后，偷袭澎湖，经常窜扰福建沿海地区，受到福建军民重大打击后，荷兰殖民者又增兵侵略我国领土台湾南部。天启六年（1626 年）西班牙殖民者侵占台湾的淡水和基隆，崇祯十五年（1642 年）荷兰取代西班牙，独占台湾。但是，台湾人民从来没有中止过反抗荷兰殖民统治的斗争。

东南沿海地区商人，面对欧洲人东来，颇受刺激，却积极参加海上正常的贸易活动。一般来说，浙商海外贸易自宁波府定海县舟山出航，闽商海外贸易皆自漳州府海澄县月港出航。自嘉靖二年（1523 年）因日本贡使宗设、宋素卿互争真伪而罢置市舶司后，“日本海贾往来自如”，而东南沿海商人下海通商仍然不绝。如据《明实录》记载，“（嘉靖）初，（南）直隶、闽、浙并海诸郡奸民，往往冒禁入海，越境回易以规利”。自嘉靖始倭寇骚扰不断，中日商人均利用吕宋作为中介，进行贸易活动。如徐光启《海防迂说》说：“有西洋番舶，市我湖丝诸物，去诸国贸易。若吕宋者，其大都会也。我闽、浙、（南）直商人，乃皆走吕宋诸国；倭所欲得于我者，悉转市于吕宋诸国矣”。“倭去我浙、（南）直路最近，走闽稍倍之，吕宋者在闽之南，路迂回远矣”。自隆庆、万历始，东南沿海商人海外贸易相当活跃，明政府也无力禁止，因而顾炎武《天下郡国利病书》说：“东洋若吕宋、苏禄诸国，西洋暹罗、占城及安南、交阯，皆我羁縻属国，无侵畔，故商舶不禁”。所以，万历十七年（1589 年）由漳州府海澄县月港出航的东西二洋的海船，岁限船 80 艘，其实海外贸易商船，东洋航往渤泥、苏禄、吕宋、琉球、日本等地，西洋航往占城、暹罗、满剌加、苏门答剌等地，其中民间商船为数颇多，不可能如实记录下来。月港成为当时海外贸易出航中心地，而福建海商也极为活跃。

福建海商，遍布于福建沿海各地。嘉靖时赵文华说，“福建遂通番舶，其贼多谙水道，操舟善斗，皆漳、泉、福宁人”。福建海商以漳州、泉州、福宁为多，其中以漳州地位最为重要。嘉靖、万历时严从简《殊域周咨录》说，“自是安南、满剌加诸番舶，有司尽行阻绝。皆往福建漳州府海面地方，私自行商。于是利归于闽”。胡宗宪《筹海图编》说，“时漳州月港家造过洋大船，往来暹罗、佛郎机诸国，通易货物”，足以证明嘉靖以来，闽商海外贸易非常活跃。以闽商为代表的东南沿海商人，向海外输出的，主要有生丝、织物、瓷器、铁器、药材等物；从海外归来所载货物，主要有胡椒、苏木、片脑、降真香、檀香、乳香、丁香、珍珠、珊瑚、象牙、犀角、孔雀尾、铜、银、硫黄等。海外贸易大大促进了明朝与东南亚各国经济和文化交流。

4. 城市发展和新的市镇兴起

明代城镇建设有较大的发展，主要表现在除原有许多重要城市的发展外，还出现了新兴市镇。

南京是明太祖朱元璋开国的首都，是在历代南京建城基础上扩建起来的，成为一座周长 67 公里的都城，城内有山有水，有皇城和宫殿，街衢纵横，甲第连云，气魄宏大，时称应天府城，是当时世界上最大的城市。南京是明代丝织业生产的重要城市，商业发达，设有专门供商人使用的货栈，名谓“塌房”。长江水运货物，转入秦淮河进城。秦淮河两岸酒楼林立，商贾游人熙熙攘攘，夜间灯火通明，画船挟弹吹箫之乐不绝于耳，异常繁华。南京位于经济发达的东南沿海地区，在政治、经济和文化上，都处于重要地位。

明成祖朱棣发动政变夺取帝位后，迁都北京，使这座古老城市也得以迅速发展。洪武元年明灭元后，改大都为北平，开始了对元大都城市的改建，即将北城墙南移五里，今北三环中路北侧所见之土城残迹，就是当年被弃的元大都北城墙遗址。永乐元年改北平为北京，即由此开始出现“北京”的名称。永乐四年（1406 年），开始营建北京宫殿城池。陆续将元大都的南城墙南移二里，就是后来宣武门、正阳门、崇文门所在的南城墙。皇城和宫殿也都有相应的扩展。永乐十八年（1420 年），北京城的建设基本竣工，这就是后人所称的内城。由于明代经济、文化不断发展，南城墙外百货云集，并出现因货名地，如鲜鱼巷、打磨厂、猪市口、帘子胡同、席儿胡同、豆腐巷、细米营、茶食胡同、鞭子巷、黑窑厂、税务口、果子市、蒜市口、麻线胡同、骡马市街、菜市大街、米市口、绳匠胡同等。商业繁荣，有商业区和居民区，因而于嘉靖三十二年（1553 年）加筑外城，亦称罗城，从而构成了平面呈凸字形的北京城。北京城商业繁荣，成为明代全国政治、经济、文化的中心。

明代全国较大的城市，约有四十多处，主要分布在三个不同的地区，即江南地区、东南沿海地区、江北运河地区。江南地区，包括南京、苏州、杭州、松江、嘉兴、湖州等著名城市，以及镇江、常州、芜湖、徽州、九江、衢州等城市，基本上把丝织、棉织、浆染、瓷器、造纸、印刷、制笔、制墨等重要手工业的中心联结起来了，加上这一地区依江临海，又有运河纵贯，因而不仅是全国手工业、商业经济中心，而且是明代交通、文化的枢纽。东南沿海地区，有宁波、漳州、泉州、福州、广州等著名的海外贸易港口，境内台州、温州、佛山、肇庆、潮州、琼州等城市也相应发展起来，不仅是明代经济作物和手工业原料贸易的重要地区，而且是明代海外贸易商品的重要集散地。江北运河地区，随着运河的修复，在运河两岸新建天津、临清城市，扩建了诸如德州、济宁、淮安、扬州等城市，这些新建和扩建的城市不仅手工业、商业发达，而且是当时沟通南北商品交换的重要城市。

另外，四川保宁、湖广汉口、北直隶保定，河南开封、洛阳，山西太原、潞安，陕西西安等地，也是手工业、商业比较发达的城市。其中，汉口是当时云南、贵州、四川、湖南、广西、陕西、河南、江西贸易交通的枢纽，这些城市远距离的贩运性商业都得到了发展。

需要指出的是，太湖附近地区农业发达，商品经济活跃，需要有一个个大小不同的商品生产基地与商品交换市场，市镇兴起就顺应了这种发展需求。

据浙江《万历湖州府志》记载，乌程县有乌镇、南浔镇、菁山镇、妙喜市；归安县有菱湖镇、埭溪市、琏市、双林镇；长兴县有四安镇、和平镇、皋塘镇、合溪镇、水口镇；德清县有塘栖镇、新市；安吉州有马家渎镇、递铺镇、梅溪镇；孝丰县有沿干镇。其中乌程县的乌镇、南浔镇，归安县的菱湖、双林镇，德清县的新市等，都是明代著名的市镇。如兴起于洪武初年的菱湖镇，据孙志熊修《菱湖镇志》载，“正、嘉、隆、万间，第宅连云，阛阓列螺，舟航集鳞，桑麻环野，西湖之上无隙地，无剩水矣”。又如乌镇，据董世宁修《乌青镇志》载，“溪经港纬几同丝芬”，“土沃地厚而人稠”，并且与嘉兴府桐乡县青镇夹溪相对，使两镇“四栅八隅，则为江、浙二省，湖、嘉、苏三府，乌程、归安、石门、桐乡、秀水、吴江、震泽七县错壤地，百货骈集”，而且还有园林多处。明人唐枢说：“若乌镇一区，实为浙西垄断之所。商贾走集于四方，市井数盈于万户中间”。又如南浔镇，据明末清初潘尔夔《浔溪文献》载，“阛阓鳞次，烟火万家，苕水流碧，舟航辐辏，虽吴兴之东鄙，实江浙之雄镇”。又如塘西镇、新市，据《嘉靖德清县志》载，“（塘栖）市帘沽旆辉映溪泽，蚕时丝缕之贸，登收时粟米之粜，于兹为盛”，“（新市）地有三潭九井，街衢市巷之整，人物屋居之繁，琳宫梵宇之壮，茧丝粟米货物之盛，视塘栖较胜。盖俨然一大邑也”；《万历杭州府志》也载，“（塘栖）仁和名镇，当水陆孔道，泉货凑集”。嘉靖、万历时归安县人茅坤谈到市镇时，以总结性口吻说：“如我湖归安之双林、菱湖、琏市，乌程之乌镇、南浔，所环人烟小者数千家，大者万家，即其所聚，当亦不下中州郡县之饶者”。

除了湖州府，邻近太湖的其他府县，如苏州府吴江县震泽镇、盛泽镇，嘉兴府嘉兴县濮院镇、王江泾镇和嘉善县魏塘镇等，都是明代丝织名镇。松江府枫泾镇、洙泾镇、罗店镇等，都是以棉织业或布匹集散地著称。这些市镇的兴起或发展，完全适应了商品经济发展的需要，是一个个大小不同的商品生产基地与商品交换市场，是明代中后期社会经济发展的新现象。

二、明代中后期商品经济发达区域

明代中后期商品经济发达区域，主要分布在江南，即长江三角洲地带。生产的区域性分工日益明显，即除了拥有棉纺织业中心松江、丝纺织业中心苏州和杭州、浆染业中心芜湖、造纸业中心江西铅山和上饶、制瓷业中心景德镇等五大手工业区域外，苏州府、松江府、杭州府、嘉兴府、湖州府还拥有大批新兴的丝棉纺织业市镇。这一地区，无论是在手工业还是农业方面，都带有商品生产和商品交换性质，是商品经济重要组成部分。

以丝棉纺织业为例，如万历时王象晋在《木棉谱》序中说，北方“棉则方舟而鬻于南”，南方“布则方舟而鬻于北”，足以表明当时北方农产品棉花和江南地区手工业产品布帛均已商品化，进入市场和商品交换，对封建的自然经济起到了分解作用。这一地区手工业的突出特点，是打破了传统性农业家庭手工业束缚，恰如明人张瀚《松窗梦语》说：“东南之利，莫大于罗绮绢纻，而三吴为最”。据《万历秀水县志》《吴江县志》《吴兴备志》《濮镇纪闻》《闽部疏》《致富奇书》等资料记载：嘉兴府嘉兴县的王江泾镇“多织绸，收丝缟之利”；濮院镇“以机为田，以梭为耒”，“机杼声轧轧相闻，日出锦帛千计”。苏州府吴江县盛泽镇、震泽镇“以绸绫为市”，“尽逐绫绸之利。有力者雇人织挽，贫者皆自织，而令其童稚挽花”。湖州府归安县菱湖镇，“溪上乡人货丝船，排比而泊”；双林镇“隆万以来，机杼之家相沿此业，巧变百出。有绫有罗，有花纱、绉纱、斗绸之缎，有花有素；有重至十五六两，有轻至二三两；有连为数丈，有开为十方……各直省客商云集贸贩，里人贾鬻四方，四时往来不绝”。湖州府蚕丝简称湖丝，乃丝织原料，销售福建、南京、江西、山西、山东等地，所谓“湖丝遍天下”。湖丝利润很高，若参与海外贸易，获利更大。明末孙承泽《山书》云，“湖丝百斤，值银百两，至彼（吕宋、日本）有价二倍”。所以，明末无名氏《奇荒纪事》说：“今蚕桑乃湖（州）民衣食之本。”松江府地区生产的棉花，亦驰名全国，无论城镇或乡村，全赖棉纺织生活，“所出布匹，日以万计”，行销到北方陕西、山西等地及南方福建、广东等地。总之，江南地区所织的绸、布，“转贸四方”“远近流通”，供应全国使用。

有些商人为了获得高利润，就直接经营手工业生产。如据《塘栖镇志》记载，徽州、杭州大商人不仅贩运蚕丝，而且自己也在塘栖镇亲手经营手工业缫丝生产。由此某些民营手工业便涌现出拥有一定经济实力的作坊主，而手工业生产者则下降为雇工了。这种雇佣劳动在商品经济发展条件下，几乎存在于江南民营所有工农业生产领域之中。湖州、苏州、松江是丝、棉纺织手工业中心，雇佣劳动力很普遍，劳动力市场很兴旺。如嘉靖时黄省曾《蚕经》说，“养（蚕）之人后高为善，以筐计，凡二十筐，佣金一两。看缫丝之人，南浔为善，以日计，每日佣金四分，一车也六分”，足证当时湖州府雇工出现计件工资、日计工资。据蒋廷锡编校《古今图书集成·职方典》记载，苏州“郡城之东，皆习机业”，“工匠各有专能，匠有常主，计日授值”，“无主者，黎明立桥以待，织工立花桥，纺工立广化寺，以车纺丝者曰‘车匠’，立濂溪坊，什百为群，延颈而望，如流民相聚，粥后俱各散归。若机房工作减，此辈衣食无着矣”。工匠分“常主”（固定工）、“无主”（临时工）两类，是靠出卖劳动力维持生活的。他们已经不是自备原料的家庭手工业生产者，而是被作坊店主雇佣的手工业工人。总之，江南地区上述民营手工业生产者的分化，冲击了封建生产关系，出现了新的雇佣关系，这是具有重要历史意义的。

明代商品经济虽然有了较大的发展，但从全国范围来看，发展是不平衡的。商品经济发达的城市，大部分集中在江南和东南沿海地区，尤以长江三角洲地区最为突出。全国大多数县级城镇，特别是广大北方和边远地区，仍处于闭塞状态，自给自足的自然经济仍占绝对统治地位。因而，江南经济的发展改变不了当时中国的社会性质。

三、少数民族地区商业

蒙古族地区。隆庆五年（1571 年），明廷封俺答汗为顺义王，又封许多蒙古领主官职，使蒙、汉两族关系不断得到加强。明朝廷在辽西、山西、甘肃等地，设立许多贸易市场。蒙古族人民以马匹、牲畜、毛皮、木材换取内地布帛、茶叶、粮食、盐、糖、铁锅、农具等物。此外，蒙古族与藏族、维吾尔族民间贸易也不断得到发展。

藏族地区。洪武初年，明太祖朱元璋派遣许允德到乌斯藏联系，后来乌斯藏摄帝师喃加巴藏卜亲到南京，被封为国师。乌斯藏与明廷关系十分密切，乌斯藏到内地的道路、桥梁和驿站都有改进，藏族与中国内地经济联系有很大发展。秦州（今甘肃天水一带）、洮州（甘肃临潭）、河州（甘肃临夏）、雅川（四川雅安）、打箭炉（四川康定）、松潘（四川松潘）等地，都是藏族与国内各族人民互市的重要地点。藏族主要是用马来换取内地茶，并以犀角、氆氇、铜佛像等物换取内地银、盐、布、纸等物。这种贸易始终未间断过。

维吾尔族地区。畏兀儿各部向明朝廷进贡，主要是马匹、玉石等物，以换取丝绸、瓷器及一些金银手工业品。维吾尔族商人有常住各城镇的“坐商”，也有往来于各城镇的“行商”，有的还进入汉族中原地区，用葡萄、香料、马骡、骆驼及手工业生产品换回绸缎、布匹、铁、茶等物，有的还到蒙古族、藏族地区行商，甚至还运至印度、波斯、阿拉伯等地进行贸易活动。

回族地区。回族的手工业产品保留着许多从西亚带来的独到特色。回商不仅常住市肆，还到偏远地区做买卖。有的还组织商队，通过丝绸之路从事中亚、西亚贸易。特别是回族人郑和的海外之行对中国历史产生了不可磨灭的影响。

满族地区。永乐年间，明廷在开原南关和城东、广宁开设马市，开展汉族、女真族、蒙古族间贸易，一直延续到成化年间。天顺年间专设抚顺关，以后又在清河、叆阳、宽甸等地开设互市。女真族人以珍贵的毛皮、药材、海东青、黄鹰、马、牛等物，换取汉族农具、粮食、盐、铁锅、布帛、袄、靴等生产和生活物质。通过贸易活动，汉族人民大量进入东北，和女真族人民共同生产劳动，这对女真族（即满族）在明代后期生产力的发展，起了重要的作用。

南方少数民族地区。苗族地区内贵州镇远府镇远县城，南有镇阳江，此处水浅滩多，必舍舟登陆，陈鼎《滇黔纪游》说这里“舟车辏辏，货物聚集”，是一片商业繁荣景象。壮族、瑶族杂居地区。据《明实录》记载，正德年间，广西镇安府田州之城东，已经“市廛盈百”；庆远府思恩县“亦在丹良筑成取税”，并兴起了大批市镇。傣族地区商业也有发展，将集市贸易叫“街子”，据谢肇淛《滇略》说，这些街子，“以其日支名之，如辰日则曰龙街，戌日则曰狗街之类。至期，则四远之物毕至，日午则聚，日仄而罢”。黎族地区商业也有发展，近城则有市场，乡村贸易则有集场。东南沿海商人海外贸易活跃，也使琼山县（今海南岛东北部）原有的神应港（今海口港）繁荣起来，并新辟了望楼、桐栖等许多港口。

第三章　科学技术

明代科学技术，既有继承，又有发展，出现了不少总结性的科学技术著作。这些成就，在当时领先于世界。明代后期，中西科学汇合，更促进了明代科学技术的发展。

一、农学与水利工程学

明代出现的农书有130多种，在数量和质量上，超过了以前任何一个朝代。

如明初朱橚——朱元璋第五子，被封周王，就藩开封，好学，所撰《救荒本草》2卷，是一部着重研究遭遇自然灾害时可以充饥植物的农书。该书吸收了前代本草138种，通过实地考察，新增加救灾野生植物276种，共计414种，并详细考核每种植物产地、名称、性状、性味及烹调方法，还附有描绘各种植物的根、茎、叶、花、果实等性状及特征的插图，是一部颇具科学性的植物学著作。美国科学家萨顿（1884—1956）认为，此书是“中世纪最卓越的植物学著作”。正德、嘉靖年间，扬州府高邮州人王磐撰《野菜谱》1卷，所记野菜凡60种，题下有注，注后附有诗歌，并绘图附于其下。明末徽州府婺源县人鲍山撰《野菜博录》4卷，作者为撰此书，曾入黄山筑室7年，考核野蔬诸味，分类别其性味。是书分草部2卷，叶可食者142种；木部2卷，叶可食者59种。另有花可食者5种，果实可食者25种，花、果实可食者3种，叶、果实可食者19种，花、叶、果实可食者5种，叶、树皮、果实俱可食者4种，并用图绘其形状。鲍山自序云，所得凡400余种，是书所记仅262种。这是作者通过试验而有所取舍。其成就不仅超过了王磐，而且充实并丰富了朱橚《救荒本草》，对明末救灾、防灾有着重要的现实意义。

除了上述救灾、防灾农书，总结农业技术成就的书也很多。如洪武时吴县人俞贞木撰《种树书》，记述明初以前农业生产技术。又如正德年间邝璠，河间府任丘县人，官至苏州府吴县知县，颇有政绩，所撰《便民图纂》16卷，是基于他对吴县周围地区了解而写的，卷首有吴地耕织图谱。是书除叙述农业生产外，还叙述家畜饲养等与民间生活相关技术的内容，有农图15幅，女红图16幅。是书用吴歌形式表达技术要领，有的辑自其他农书，也有对太湖周围地区群众生产经验的总结。嘉靖时，王世懋所撰《学圃杂疏》1卷，分花、果、蔬、瓜、豆、竹6类，分别注解其品目及栽植方法。嘉靖时应天府溧阳县人马一龙，官至翰林院庶吉士，致仕归里，向同乡大富户“贷以百金”，“用金买牛十头，佣耕作”，遂成大富，并编成《农说》1卷。是书主要论述水稻栽培技术，虽然文颇简略，但逐条注解深耕、施肥、密植、中耕管理和收获留种整个生产环节，对普及、提高水稻产量有着重要意义。万历年间，苏州府吴江县人袁黄，任宝坻县知县时，由于县赋繁重，故撰有《宝坻劝农书》，辑录前人有关资料，意在联系实际，发展当地农业。山东新城县人王象晋撰《群芳谱》30卷，计凡天谱3卷、岁谱4卷、谷谱1卷、蔬谱2卷、果谱4卷、茶竹谱3卷、桑麻葛苎谱1卷、药谱3卷、木谱3卷、花谱3卷、卉谱2卷、鹤鱼谱1卷，略于种植，详于医治病害，反映明代农学向更深的层次发展。崇祯末年，涟川沈氏撰《沈氏农书》1卷，总结湖州地区种稻、栽桑、育蚕、畜牧诸农事经验。

然而，明代农书中最重要的当属徐光启《农政全书》，这是我国古代农学史最完备的一部总结性巨著。

徐光启（1562—1633），字子先，号玄扈，松江府上海县人。万历二十五年（1597年）举人，三十二年（1604年）考中进士。与来华的意大利人利玛窦友谊颇深，并以中国传统的科学知识为基础，向利玛窦学习西方科学知识，尤专精于历法，并翻译西方科学著作。崇祯五年（1632年），以礼部尚书兼东阁大学士，入参机务，寻加太子太保，进文渊阁。平生雅负经国济民之才，有志用世。《农政全书》在天启五年至崇祯元年（1625—1628）撰成，此时徐光启被魏忠贤排斥，在家乡闲住，他经常深入实践，搜集各地老农生产经验和新的技术成就，再经过自己的实验和研究写成此书。徐光启生前并未定稿，死后经过当时著名学者陈子龙整理编定，于崇祯十二年（1639年）梓行。全书共60卷，分农本、田制、农事、水利、农器、树艺、蚕桑、蚕桑广类、种植、牧养、制造、荒政12目，内附图解，共60余万字。其中约有50余万字乃辑录古今农学各家之言，约6万字得自徐光启的农学研究和实验的新成果。《农政全书》是对明代及其以前我国农业生产经验的总结，其中尤以水利、树艺、蚕桑、种植、荒政诸目最为突出。书中为改变东南产米、西北（黄淮地区）漕运的生产格局，主张开发西北农田水利，种植水稻。明末水旱灾害频仍，然而“赋税之所出，民生之所养，全在水利”，所以是书水利部分除专题关注各地水利外，并在水利灌溉方面总结出“旱田用水五法”，即“用水之源”（利用泉水）、“用水之流”（利用江河塘浦）、“用水之潴”（利用蓄水，如湖、荡、泽），“用水之委”（利用海水，如潮汐、岛屿、沙洲）、“作原作潴以用水”（利用井及池塘、水库），并一一根据不同地形具体介绍如何利用水利设施、工具“用水”。除图文并茂介绍传统水利灌溉工具外，是书还收入作者所翻译的意大利传教士熊三拔所撰《泰西水法》，介绍欧洲水利工程学知识。是书蚕桑广类部分，在植棉技术方面，总结出“精拣核，早下种，深根短干，稀科肥壅”经验，探索出用大麦套种避免春寒冻伤棉苗的办法。是书提倡发展经济作物，如种植部分，指出“种臼树，取白油、青油；种女真树，取白蜡，其利济人，百倍他树”，应广为种植。同时又尊重农民生产经验，如关于收取乌臼树籽，山中老圃云不用接枝，仅仅在春天把树枝拉转过来，刺碎树心而不要伤害树皮，就可以结籽，与接枝效果相同，作者经过试验，确认老圃说法是对的。是书为了防灾救灾，积极提倡推广高产作物，如树艺部分，提及蚕豆时说“蒸煮皆可便食”，“极救农家之急，且蝗所不食”；还融会了外国农业知识，提及甘薯时，对“近年有人”从外国传入大加赞扬，认为“赖以救饥，其利甚大”，并细叙其种植、藏种方法。荒政部分，着眼现实，即针对明末旱蝗灾不绝和民间大饥频仍，特在“备荒考”中的《除蝗疏》里详细叙述蝗虫出现、成熟、习性等，并探考古今治蝗方法；救荒有关可食植物属性的叙述，则全文引自朱橚《救荒本草》、王磐《野菜谱》两书。然而徐光启不是简单引用两书，而是对很多植物条文之后附有“玄扈先生曰：尝过”字样，有的还加上个人按语，如“萱草花条”后加上了“花、叶、芽俱嘉蔬，不必救荒。根亦可作粉，如治蕨法。迩岁洊饥，山民多赖之。京师人食其土中嫩芽，名扁穿。花、叶、芽俱尝过”按语，反映了该书求实和匡时救世特色。

明代水利工程学著作甚多，其数量和质量均超过历代。如江南水利，有成化、弘治时姚文灏撰《浙西水利书》3卷；正德时伍余福撰《三吴水利论》1卷、佚名编《浙西水利书》1卷，吴韶撰《全吴水略》7卷、王圻撰《东吴水利考》10卷，万历时陈应芳撰《敬止集》4卷、张内蕴撰《三吴水利考》16卷、佚名撰《新濬海盐内河图说》1卷、仇俊卿撰《海塘录》8卷，等等。治理黄河，有正德时佚名撰《新河初议》1卷，嘉靖时郑若曾撰《黄河图议》1卷、刘天和撰《问水集》3卷、车玺撰《治河总考》4卷、吴山撰《治河通考》10卷，隆庆时潘凤梧撰《治河管见》4卷，万历时潘季驯撰《两河管见》3卷及《河防一览》14卷、谢肇淛撰《北河纪》8卷及《纪余》4卷、黄克缵撰《古今疏治黄河全书》4卷，等等。治理运河，有成化时王恕撰《漕河通志》14卷，弘治时王琼撰《漕河图志》3卷，万历时黄承元撰《河漕通考》2卷，天启、崇祯间佚名撰《黄运两河考议》6卷，等等。京师附近水利，有嘉靖时吴仲撰《通惠河志》2卷并《附录》1卷，隆庆时徐贞明撰《潞水客谈》1卷，万历时袁黄撰《皇都水利》1卷。另外，徐光启对水利工程学颇有研究，万历年间写过《漕河议》《量算河工及测验地势法》等文，主张以科学的大地测量作为治河及兴建水利工程之依据，对当时及后来的水利工程学发展有着重要意义。后来徐光启翻译《泰西水法》6卷，介绍欧洲取水、蓄水技术及其工具，对明末及清代农田水利事业发展，起了促进作用。《农政全书》水利部分设有西北水利、东南水利、浙江水利、灌溉图谱、利用图谱专题研究项目，均是总结性归纳和深入探讨当时水利工程最突出的问题。

明代水利工程技术方面，比较有成就的是疏浚大运河、治理黄河及地方性水利工程。元代在山东境内开凿的大运河会通河河段，地势高，水源不足，航运困难。永乐年间工部尚书宋礼疏浚会通河时，采纳了老船工白英建议，在运河附近地势较高的汶河修筑拦水坝，并开新渠把汶河水引到运河地势最高之处南旺，然后向南北分流：六分北流，流经临清时，为调解地形坡度造成的水位差，便在这一段设置了17座水闸；四分南流，流经徐州时，又设置了21座水库水闸。在南旺的南北两端与运河交界处，也各设一座水闸。这样，以南旺为中心，关闭诸北闸则水南流，关闭诸南闸则水北流，便利了运河的通航，从而使漕运畅通，对明朝政治、经济至关重要，也有利于北运河两岸城市发展和南北经济、文化交流。

黄河泥沙含量多，明代中叶以后水患频仍，使下游地区农业和人民生命财产遭受重大损失。潘季驯受命治理黄河，取得了很大的成就。潘季驯，浙江湖州府乌程县人。嘉靖二十九年（1550年）进士，官至工部尚书兼左副都御史。他先后于嘉靖四十四年、隆庆四年（1570年）、万历六年、万历十六年（1588 年）4 次总理河道，前后 27 年，都是在黄河决口、水势浩渺无际、河道俱淤、逆流威胁运河航道的危难之际受命的。潘季驯研究黄河水文，针对泥沙含量多的特点，他反对历代传统的治河理论，认为分流水缓，泥沙积淤，水患无穷。因此他主张“水合则势猛，势猛则沙刷，沙刷则河深”，可减少水患，提出了“筑堤束水，以水攻沙”的治河理论。根据这个理论，他在治理黄河工程中采取了“塞决口”“筑堤障河”“筑堰障淮”“逼淮注黄”等措施。其治理堤防方法，“有缕堤以束其流，有遥堤以宽其势，有滚心坝以洩其怒”。万历年间所撰《河防一览》，是其治理黄河技术经验的总结，其中记录了施工经验，又绘制出黄河全图，指出沿河地形和水势。这部书是对明代及其以前治黄水利工程经验的总结，后世治理黄河者，都以是书为重要的参考依据。

明代地方性水利工程建设比较多，地方志书水利部分大多有记载。如大通河乃元代郭守敬所凿，因流经京师东便门外之大通桥而得名，也叫通惠河，其东流至通州与运河相接。明初此河湮废，漕粮改由车运，劳民伤财。嘉靖六年（1527 年）吴仲以御史巡按直隶疏请重濬，不数月修复大通河，自此直至明末，漕船从运河直达京师。又如万历二十六年（1598 年）万世德以右佥都御史代天津巡抚，见到天津滨海盐碱荒地，于是募民垦田 5000 亩，引水灌溉，结果亩收水稻四五石。又如太湖水面 2000 余平方公里，三吴地势湖高于田，田又高于江、海，故旱灾时引湖水溉田，水灾时则泄由吴淞江、刘河、白茆诸水入海。正德时，伍余福《三吴水利论》说，关键是浚治三江，“通则百脉皆和，不通则百病皆至”，尤以治吴淞江为急。隆庆三年（1569 年），海瑞巡抚应天十府，锐意兴革，浚治吴淞江、白茆，隆庆四年至五年（1570—1571）大水灾未祸及农田，即浚治吴淞江之功效。时人何良俊评介此事说：“非海公肯担当，安能了此一大事哉?”明政府很重视三吴水利，浚治三江，平均每 10 年大修 1 次。又如浙东为了防旱防洪和抵御海潮对农田危害，重视浚湖、建堤、筑塘、修闸等水利工程。如嘉靖十六年（1537 年）在绍兴府城北处修建三江闸，使内河与海水截流。此闸有 28 个洞门，并在闸侧设有“金木水火土”字的水则，即水至“金”字脚尽开所有洞门泄水，至“木”字脚开 16 个洞门，至“水”字脚开 8 个洞门，启闭闸门时宜，使山阴、会稽、萧山诸县农田获利。

二、医学与药物学

明代医学和药物学继续发展，出现了不少著名医药学家和著作，其成就已经超过了前代。

明初就藩开封的周王朱橚，撰有《普济方》426 卷，是一部汇集历代医疗经验的巨作。该书包括经脉、药性、内科、外科、妇科、儿科、耳鼻喉眼科等，有1960论，2175类，778法，61739方，239图，搜罗繁博，编排详尽，超过了前代。李时珍《本草纲目》所附方，采录是书甚多。弘治十八年（1505年），太医院判刘文泰等人撰《本草品汇精要》，是明代官修药物学、植物学、动物学著作。全书42卷，分玉、石、草、木、人、兽、禽、虫鱼、果、米谷、菜等部，辑录新旧药味1815种。每一药品，首引《神农本草经》《名医别录》《本草拾遗》，以及唐、宋各家本草有关记载，详述各药功能主治，并按名、苗、地、时、收、用、质、色、味等分别叙述各药异名、产地、采集、色味、制法、禁忌、真伪，有独到见解则题曰“谨按”。是书虽辑自历代本草，但条分缕析，叙述简要，较李时珍《本草纲目》成书尚早70余年，对明代本草学发展有一定促进作用。

嘉靖二十八年（1549年），江瓘撰《名医类案》，该书是明代以前名医临床经验的总结。撰者乃正德、嘉靖时歙县诸生，因病放弃科举考试而专心学医，遂成名家。嘉靖四十四年病死后，其子应宿继其医业，并以原书分类而增补之。全书12卷，分205门，病类比较丰富，有传染病、内科杂病、外科病、五官科病、妇科病、儿科病等等。所辑病例，大都有姓名、年龄、体质、症状、诊断、治疗等项，有的还有撰者按语，提示病例要点。是书进一步完善了明代医学理论，并丰富了治疗经验，对明清医学发展影响很大，至今仍极具参考价值。

嘉靖三十五年（1556 年），薛己撰《薛氏医案》76 卷，共 4 科 24 种。薛己乃吴县人，初本疡医，治病务求本源，后以内科著名。正德时为太医院御医，擢南京太医院院判，嘉靖时进院使。该书所收内容包括薛己校注的前人医书及在其本人临床经验基础上撰成的《内科摘要》《外伤金镜》，续撰其父薛铠的《保婴撮要》后半部，以及《女科撮要》《外科发挥》《正体类要》《口齿类要》《疠疡机要》等 11 种医书，并附患者治疗典型病例，是明代医学发展重要成果。同时收入汉张机、宋陈自明等、元朱震亨等、元末明初滑寿等、明陶华等名家医著凡 4 科 13 种，除由其父校订外，均一一校注，或阐前人所未尽，颇有参考价值。

万历二十五年至三十五年（1597—1607），王肯堂先后撰成《证治准绳》120 卷，是明代临床医学巨作。王肯堂乃金坛县人，万历十七年进士，官至福建参政。博览群书，尤精医学。是书广泛搜集前代医学资料，结合其本人临床经验，论述杂病、类方、伤寒、疡医、幼科、女科六种，亦称《六科准绳》。每种皆以证治为主，采录丰富，本末具备，分门别目，条理井然，被《四库全书总目提要》赞誉为“博而不杂，详而有要”，为后代医家所崇尚。

万历四十五年（1617 年），陈实功撰《外科正宗》4 卷。陈实功乃嘉靖、万历间南通人，一生行医，尤擅外科。是书论述外科常见病 100 多种，插图 36 幅。第一卷总论毒疮病源、诊断及治疗药方，第二至第四卷分门别类，对外科其他常见 100 多种疾病，首论病理，次叙征象，再论治法，并附有典型病例，最后介绍诸治疗药方。全书切合临床实际，如卷四《杂疮毒门》中《鼻痔》，有用精巧的手术器械切除鼻腔内息肉方法的专门论述；《误吞针铁骨哽咽喉》，专叙吞咽钉、针、骨的救治方法；《救自刎断喉法》，专述喉断吻合手术；《开割披针喉针形》，专述手术器械等。其中不少肿瘤病例，如卷三《下部痈毒门》中《脏毒》《悬痈》《臀痈》，均有恶性肿瘤治疗记载，可供后代医师借鉴。是书曾被誉为“列症详，论治精”，是明代外科医学力作，至今仍有参考价值。

崇祯十五年，吴有性撰《瘟疫论》上下两卷。吴有性乃万历、崇祯间吴县人。当时饥荒、战争不绝，而瘟疫流行范围广，死亡率高，吴有性在此历史背景下撰成《瘟疫论》。是书分析“瘟疫”与“伤寒”区别，指出“伤寒”（中医学病名）多由起居不慎“外感风寒”而发，病邪从毫毛孔窍侵入，且不传染；而“瘟疫”则是由口鼻传入人身的“杂气”（病毒之类的病原体）中的“厉气”（致病性质较强烈）引发的，属急性传染，两者病因不同，治疗方法也不同。而在此前，瘟疫病多混杂于伤寒医书内，都以治伤寒之法治瘟疫，枉死历代无数瘟疫患者。所以，是书为我国第一部瘟疫学著作，为明清时期瘟病学说的形成奠定了基础。

明代药物学已经发展到非常高的水平，万历六年李时珍撰成的《本草纲目》，是一部总结我国药物学的巨作。李时珍（1518—1593），字东壁，号濒湖，蕲州（今湖北蕲春）人。3次乡试落第，乃潜心钻研医学。曾官楚王府奉祠正。他在民间行医多年，感觉历代本草医书谬误尚多，决心编写新书。他上山采药，考察药用植物，解剖药用动物，采掘药用矿物，以毕生精力，写作30多年，终于完成了这部巨著。

《本草纲目》全书52卷。卷一、二为《序例》，包含历代诸家本草简介，引据古今361家医书书目，引据古今591家经史百家书目，采集诸家本草药品总数、药名同异等等。卷三、四为《百病主治药》，介绍113种疾病的治疗药物。卷五以后全为正文，所收录的1892种药物，分成水、火、土、金石、草、谷、菜、果、木、服器、虫、鳞、介、禽、兽、人16部，每部又分成若干类，共60类；各类之下所属药物，每一药物则依“释名”“集解”“修治”“气味”“主治”“发明”“正误”“附方”“附录”等方面，一一详细解说。如“释名”“集解”，说明药物的来由、别名、产地、形状、采集方法；“修治”，说明药物加工炮制；“气味”“主治”“发明”“附方”“附录”，说明药味、药性及功效；“正误”，考订历代医书药物之讹误。全书依部依类附图1160幅，所附药方11096个，均以所述药物为主剂，无不涉及。

《本草纲目》不仅总结了前代药物学，而且使明代药物学进入新的发展阶段，即打破了过去“本草药味不过三品”分类法，对药物赋予合乎科学属性的分部、部下分类，这在当时也是世界最先进的药物学分类法。

《本草纲目》对旧本草医书讹误订正，并在生物学科方面纠正了被混淆的门类。如五倍子，本是盐肤木等叶上五倍子蚜虫所形成的干燥虫瘿，宋代《开宝本草》收入草部，《嘉祐补注本草》移入木部，李时珍说“虽知生于肤木之上，而不知其乃虫所造也”，故校正而自木部移入虫部。又如射干、鸢尾本是一种植物，前代医书误为两种，故李时珍说鸢尾“即射干之苗，非别一种也”。李时珍在金石部指出前代医家不识锡、铅，“以锡为铅，以铅为锡。其谓黄丹、胡粉为炒锡，皆由其不识故也”，其实黄丹、胡粉均化铅所作，锡入药主治恶毒风疮，铅入药主治坠痰杀虫，等等。不难看出，《本草纲目》含有丰富的药物学、植物学、动物学、矿物学、化学等方面的知识。此书万历年间传入日本，后又陆续传入朝鲜、欧洲各国，均产生重要影响。如达尔文在《人类起源》一书中，曾引用《本草纲目》中关于金鱼颜色形成的史料来论证物种变异学说。

三、手工业技术及其著作

明代手工业生产技术水平、产品种类和质量、生产规模，均超过了历代。

明代纺织业方面，丝、棉、麻和毛的纺织都有很大的发展，明廷在南京、北京和各省都设有织染局、机户房，而民间机房也大批存在，生产各色绫、罗、绸、缎、纱、绒等。其中，缫车、织机、腰机、木棉线架、木棉纺车、水转大纺车、大纺车、木棉搅车等机器的改进和操作技术的进步，都达到了当时的最新水平。据《农政全书》介绍，织机在宋元时50综者50蹑，60综者60蹑，到明代经过改造，已简化为12蹑或2蹑，操作轻便灵活，提高了效率。又如木棉搅车，宋元时皆用辗轴，而明代搅车去除棉籽"比用辗轴，工利数倍"。在纺织技术上，"中原麻苎之乡，凡临流处所"，多置水转大纺车，即加水轮，靠水力转动纺织，"比用陆车，愈便且省"，提高了效率。又如北方地区风大气候干燥，棉纱易断，为解决这个矛盾，直隶河间府肃宁县"乃多穿地窖，深数尺，作屋其上，檐高于平地，仅二尺许，作窗棂以通日光。人居其中，就湿气纺织，便得紧实，与南土不异"，从而改变所出布匹"下等"落后状态，而"今之细密，几与松江之中品埒矣"。

明代冶铁业，生产规模比过去大。河北武安县发掘的明代炼铁炉高1丈9尺，比遵化冶铁厂炼铁炉还高7尺。而遵化冶铁厂正德四年（1509年）投入生产的炼铁炉十座，年产生铁49万斤；炒铁炉20座，年产熟铁21万斤，钢6万斤。大型炉场佣工数百人，有详细生产分工。当时铁矿采炼遍布全国，冶铸业达100余处。同时，明代冶铁业已经掌握了生熟铁连续生产的技术。据宋应星《天工开物》介绍，炼铁炉旁侧设一低于炼铁炉的方塘，采用活塞式鼓风箱提高炉温，然后趁高温将铁水流入方塘。有数人站在塘墙上，一人用手扬撒含有硅酸铁和氧化铁成分的泥灰，其他人持柳木棍猛搅，以扩大生铁与空气接触面积，即时生铁杂质氧化变成熟铁，并附十分逼真的插图。这种免去生铁再次熔化过程，降低了成本，也提高了熟铁的质量，是当时冶铁技术的重大成就。

宋代灌钢法，是将生铁块嵌在盘绕的熟铁条中，并以泥封炉口。明代灌钢技术有进步。据《天工开物》介绍，这种新方法是将宽如指头、长半寸许的熟铁薄片捆紧入炉，再将一含碳高、熔点低的生铁块放置其上。炉温升高后，生铁熔化成铁水，均匀地灌注到熟铁薄片夹缝中，利于均匀渗碳，将其取出锻打，然后再炼再锻，即成好钢。这种技术应用，在明代比较广泛。据《天工开物》记载："治地生物用锄、镈之属，熟铁锻成，熔化生铁淋口，入水淬健即成刚劲。每锹、锄重一斤者，淋生铁三钱为率。

少则不坚，多则过刚而折。”这种锻制铁锹、锄一类农具或刀、剑一类兵器技术，就是根据当时灌钢法的原理，将适量的生铁熔化作为熟铁的渗碳剂，使熟铁刃口成好钢，坚韧耐磨。明代“生铁淋口”技术对后代金属加工业有极大影响。

明代金属加工业十分发达，而其加工工艺亦达到高超水平。如浇铸铁锅，据《天工开物》记载，先塑内外两层模，内模塑成干燥后，“合釜（锅）形分寸于上，然后塑外层盖模”，等到外层盖膜干燥，即用“一勺约一釜之料（即铁水），倾注模底孔内，不俟冷定即揭开盖模，看视罅绽未周之处。此时釜身尚通红未黑，有不到处即浇少许于上补完，打湿草片按平，若无痕迹”，可见其加工技艺要求十分严格。当时用此法铸出的铁锅，最大的可煮米 2 石。这种铸铁锅技术一直沿用至今天，不过略有改进罢了。又如锤锻铁锚，据《天工开物》记载，其方法是：“锤法先成四爪，依次逐节接身。其三百斤以内者，用径尺阔砧安顿炉旁，当其两端皆红，掀去炉炭，铁包木棍夹持上砧。若千斤内外者，则架木为棚，多人立其上共持铁链，两接锚身，其末皆带巨铁圈链套，提起捩转，咸力锤合。”锻制时，既要求“逐节接身”，又必须“咸力锤合”，锻接牢固，技术要求是很高的。是书附有工匠 15 人的炉旁木棚内锤锻千斤铁锚插图，即棚下 5 人持“铁包木棍”固定锚身部位，有 3 人持锤锻造锚身部位，棚上部有 7 人持铁链“提起捩转”锚身，用生动图像记录分工之细致。正因为明代有如此精妙的金属加工技术，所以当初郑和七下西洋，乘巨船用大铁锚能平安远航10万余里。

明代煤的采掘技术有了提高，突出表现在井下安全有了保证。瓦斯是煤炭生产过程中伴生的毒气，明代时称“毒烟气”，有毒且无色易燃，一旦爆炸，伤亡惨重。据《天工开物》介绍，明代排除瓦斯的方法，是把各节穿通的粗大竹竿插入矿井内，使井内瓦斯由竹管流到地面上空。书内附有井内毒烟气排出、工匠照常采煤的插图，这种方法简易有效，且非常经济，而欧洲直到18世纪还没有找到有效排除瓦斯的办法。另外，矿井内常常发生塌方，危及工匠生命，据《天工开物》记载，明代开始在井下设“支板”，即巷道支护，从而防止了塌方事故，使明代煤的生产得到很大的发展。

江西景德镇是制瓷业中心，有很高的烧制技术水平。如永乐年间开始烧制的白瓷，胎质细密，薄至半脱胎程度，可光照见影；到成化年间，胎薄几乎达到脱胎程度，非常精致、可爱。福建德化窑烧制的白瓷也独具风格，质地细腻，透明度高，被称为“猪油白”“象牙白”。青花瓷器，以永乐、宣德年间烧制最佳。彩绘瓷器以斗彩、五彩等影响较大。斗彩瓷器约成熟在成化年间，其制法先在瓷器坯体以青料画出花纹后，再涂抹透明釉，入窑高温烧成后再涂抹各种需要的颜色，然后两次入窑烧出成品，釉下青色与釉上彩色争美斗艳，十分清美。五彩瓷器约成熟于嘉靖、万历年间，其制法类似斗彩瓷器。另外，含铁量较高的紫砂陶器入明后逐渐盛行，常州府宜兴县为烧制中心，最受宠者是茶壶。以陶胎琉璃釉烧造成的砖、瓦，随着技术提高，其产量超过以前历代，用于皇家宫殿院落、帝陵、庙宇、佛塔供器等等。为了满足明廷宫殿维修需要，在京城宣武门外宣北坊，设有专门烧造琉璃瓦的窑，规模不断扩大，今北京和平门外琉璃厂即其遗址。

明代制盐技术，比过去有了提高。据《天工开物》记载，“凡煎卤未即凝结，将皂角椎碎和粟米糠二味，卤沸之时投入其中搅和，盐即顷刻结成”。皂角结盐明代以前没有，乃是明代发明的新技术。《天工开物》还记载明代福建、广东、山东等沿海产盐地区，逐渐探索出引海水入池利用日光晒盐的新方法，节省了人力、物力，降低了食盐生产成本。

明代火药、火器生产技术成就，也超过了历代。所造火药配方有50多个，其中燃烧速度快、推助力大的发射火药，与当时欧洲发射火药质量相近。所造大小火器数十种，尤以正德、嘉靖年间所造居多。特别是万历、天启年间所造红夷炮身长2丈，重3000斤，伤杀力大。明代还出现“飞刀箭”“神火飞鸦”“火龙出水”等各式各样火箭，战车、战船都安装上了大炮，等等。唐顺之《武编》、戚继光《纪效新书》、王鸣鹤《登坛必究》、顾斌《火器图》、毕懋康《军器图说》都有记载，尤以茅元仪《武备志》最为详尽。茅元仪为湖州府归安县人，熟知军事，崇祯时佐孙承宗军务，官至副总兵。《武备志》乃天启元年（1621年）辑成，全书5大门类，共240卷，《军资乘》55卷仅是全书1大门类。《军资乘》对攻守器械、火药、火器、战车、战马、战船等筹集、制作、使用等各个方面都有论述，全面总结了明代火药、火器等军事制造业技术成就。此外，崇祯十六年（1643年）刊行德意志传教士汤若望授、南直隶宁国府焦勖编《火攻挈要》3卷，该书是中西兵器学交流的产物。书中介绍欧洲各类火炮、炮弹铸造及用法技术，而火箭、喷筒、地雷、火药等则是焦勖据中国传统造法笔述。是书吸取明末京师火药库多起爆炸的惨重教训，提出防火、防震、防潮、防人员重大伤亡的可行性技术方案，并介绍欧洲存贮火药的方法，对当时预防和减少火药库爆炸灾害颇有实用价值。

明代手工业技术的进步，为宋应星总结这种进步而编撰《天工开物》提供了条件。宋应星（1587—?），江西奉新县人。万历四十三年（1615年）举人。曾任江西分宜县教谕、福建长汀府推官、南直隶凤阳府亳州知州等职，并长期研究生产技术问题。崇祯十年（1637年）撰成并刊行《天工开物》，全书3卷，计有乃粒（农作物栽培）、粹精（粮食加工）、作咸（制盐）、甘嗜（制糖）、膏液（榨油）、乃服（养蚕与纺织）、彰施（染色）、五金、冶铸、锤锻、陶埏（陶瓷）、燔石（煤、石灰）、杀青（造纸）、丹青（颜料与墨）、舟车、佳兵（兵器）、曲糵（酿酒）、珠玉 18 篇，并有插图 123 幅。此书几乎论述了所有重要的农业和手工业的生产技术和生产过程，特别是对化工方面，如草灰（碳酸钾）、硇砂（氯化铵）、铅丹（四氧化三铅）、砒石（三氧化二砷）等如何应用于农业和手工业生产，介绍颇为详细。此书是中国科技史上的巨著，后来传入日本，又传入欧洲，被誉为“技术百科全书”，成为世界科技史上的名著。

四、天文、历法与数学

进入明代后，中国传统科学与西方科学接触，使天文、历法处在从古代体系过渡到近代体系的关键时期。

明太祖朱元璋称帝前，令刘基等人修订历法。吴元年（1367 年），刘基以太史令呈进《戊申大统历》，这是在元代郭守敬《授时历》基础上修订的。洪武元年改太史院为司天监，设置回回司天监，并诏征元太史院使张佑、回回司天太监黑的儿等 14 人、回回司天台官郑阿里等 11 人，到南京商议历法。洪武三年（1370 年）改司天监为钦天监，设天文、漏刻及《大统历》《回回历》4 科。未几，进呈《大统民历》《御览月令历》《七政躔度历》《六壬遁甲历》《四季王象占验历》《御览天象录》，预报日食、月食分秒时刻及起复方位。洪武十五年（1382 年），为了满足国内伊斯兰教徒的需要，诏翰林李翀、吴伯宗译《回回历书》。洪武十七年（1384 年）造观星盘，翌年设观象台于鸡鸣山。漏刻博士元统奏言修改历书，并擢为监令。元统删掉郭守敬《授时历》岁实消长之说，以洪武十七年甲子为历元，命名为《大统历法通轨》。洪武二十六年（1393 年），监副李德芳提出异议，经明太祖表态后，《大统历》以洪武甲子为历元，但推算仍依《授时历》为准。洪武三十一年（1398 年）罢回回钦天监，其《回回历》科仍归钦天监，而《回回历》一直作为《大统历》的参照历法。《回回历》即阿拉伯历法，分太阴年（以公元 622 年 7 月 16 日穆罕默德入麦地那次日为元年元旦，依太阴绕行地球一周为一月，各月以初见新月之日为第一天，十二月为一年）、太阳年（以春分为岁首，以太阳与月亮沿黄道运行一周，会合十二次为一年）两种，为穆罕默德所创，农耕收获用太阳年，祭祀用太阴年，对明代历法有一定影响。

明代重视观测天象设备。如洪武十八年（1385 年）在南京鸡鸣山设观象台；洪武二十四年（1391 年）铸铜浑天仪，安装在观象台内；正统三年（1438 年）铸铜浑天仪、简仪，安装在北京城东南隅城上观象台内。景泰六年（1455 年）又造观象台简仪及铜壶。到嘉靖年间，观象台内已有立运仪、正方案、悬晷、偏晷、盘晷诸式设备。但由于钦天监官员不会推算，观象台这些设备形同虚设，嘉靖二年（1523年）工部主事华湘指责说，“欲正历而不登台测景，皆空言意见也”。另外，历法改革也势在必行。《大统历》推算天象仍依《授时历》方法，虽制定时为世界最先进的历法，然《授时历》以至元辛巳（1281年）为历元，至洪武甲子（1384年）已过去104年，年远数盈，渐差天度，随着时间推移，必成更大失误。如据《明史·历志》记载，景泰、成化、弘治、正德年间推算预测失误，乃至“月食屡不应，日食亦舛”“连推日食起复，皆弗合”。因此，有些官员上疏主张改历，但不是被以所谓“轻率狂妄，宜正其罪”而下诏狱，就是被以所谓“祖制不可变”等理由驳回，历法长期不曾改革。郑世子朱载堉（生平事迹，详见本书第五章第三节）便是在这样的历史背景下，开始研究天文历法的。

万历二十三年（1595年），朱载堉进《圣寿万年历》《律历融通》两书。《律历融通》亦称“黄钟律”。黄钟律和圣寿万年历，分别取万历九年（1581年）、嘉靖三十三年（1554年）为纪元，纠正了《授时历》回归年长度消长法的不当之处，作了新的调整，测得回归年长度值为365.241 975 0日和365.242 020 0日，与现代天体力学推导所得的理论公式数值之差分别为21秒和17秒，而《授时历》《大统历》则均差23秒。所以，黄钟律和圣寿万年历数值，在我国古代历法中是最为精确的。朱载堉这两部书，大胆地对《授时历》进行了一系列修正，新历法实际处在形成中，是完全顺应朝野要求历法改革的呼声，因此引起明廷重视，责令钦天监“参订测验”，并赞誉朱载堉“留心历学，博通今古”。尽管朱载堉未能赶上后来修历，但他的成就为后人学贯中西编撰《崇祯历书》开拓了道路。

邢云路、李之藻、徐光启都是主张修历的官员。万历三十八年（1610 年）十二月十五日发生日食，钦天监预测失误。在朝野改历呼声中，明廷令河南佥事邢云路、南京工部员外郎李之藻到北京参与改历之事。邢云路生卒年不详，曾去拜访过朱载堉，了解朱载堉所取得的成就，并请朱载堉为他所撰《古今律历考》撰写序言。李之藻、徐光启和西方耶稣会传教士交朋友，学到西方数学、天文、历法等方面知识、学贯中西，为后来的成就奠定了基础。万历四十一年（1613 年），李之藻奏进西洋历法，指责钦天监推算日月食不准的错误。万历四十四年（1616 年）、天启元年，邢云路一再进言，详述古今日月交食数事，以说明《授时历》之疏失，论证新历法之严密。崇祯二年（1629 年）五月初一日食，以《大统历》《回回历》推算不准确，而徐光启以西洋历法预先推测则十分准确，于是崇祯帝朱由检切责钦天监官员，并令礼部开局以徐光启督修历法。徐光启荐举李之藻到历局辅助修历，并先后荐举欧洲传教士龙华民、邓玉函、汤若望、罗雅谷到历局译书、演算天象。徐光启进礼部尚书，仍督修历法。李之藻卒于任上。

从徐光启治历疏稿看，他为这次修历指出了正确的方向，即“今所求者，每遇一差，必寻其所以差之故；每用一法，必论其所以不差之故。上推远古，下验将来，必期一一无爽。日月交食，五星凌犯，必期事事密合。又须穷极原本，著为明白简易之说，使一览了然。百世之后，人人可以从事，遇有稍差，因可随时随事，依法修改”。为此，徐光启又确定了两项基本原则：（一）《大统历》与西洋历法“必须会通”。“会通之前，先须翻译”，即大量翻译西洋历法书籍，目的在于“熔彼方之材质，入《大统》之型模”，洋为中用；（二）加强天象观测，必须具备相应的仪器，“据法当制造如式日晷，以定昼时；造星晷，以定夜时；造正线罗经，以定子午”，“而较定本地子午真线，以为定时根本”，这样才能依据天体运行规律确立各类时间标识，才能保证治历“准于天行，用表、用仪、用晷，昼测日，夜测星”。徐光启还制定翻译西洋历书计划，本着“循序渐作，以前开后，以后承前”原则，确定节次6目：①《日躔历》；②《恒星历》；③《月离历》；④《日月交会历》；⑤《五纬星历》；⑥《五星交会历》。同时，又对译书提出必须具备基本5目：①“法源”，即天文学基础理论；②“法数”，即各种天文数据；③“法算”，即天文计算所需的数学知识；④“法器”，即各种天文仪器；⑤“会通”，即使中西天文历法融会贯通。

崇祯四年（1631 年）正月，徐光启进《历书》24 卷，八月再进《历书》21 卷。翌年四月，第三次进《历书》30 卷。崇祯六年（1633 年），徐光启以疾病辞去历务，并以编完而未进《历书》60 卷为由，推荐山东参政李天经接替，以毕其事。不久，徐光启病逝。李天经继承李之藻、徐光启遗志，于崇祯七年（1634 年）相继进《历书》30 卷、《历书》32 卷，并进徐光启督率传教士所造星屏、日晷、星晷、窥筒诸仪器。李天经于翌年又进《乙亥丙子七政行度历》及《参订历法条仪》26 则，包括徐光启生前所进历书，至此宣告修成历书，即所谓《崇祯历书》，共 137 卷。

《崇祯历书》抛弃了《大统历》计算天体运动轨道数据时采用整齐分秒的做法，依据的是丹麦天文学家第谷（1546—1601）创立的天体运动体系和几何学计算方法，引入球面三角法进行天体运行轨迹的计算，从而保证了计算的精确。是书还引入、采用地球和经纬度概念与测定方法，视差和蒙气差计算和校正方法，周天分为 360 度、一日分为 96 刻（24 小时）和 60 进位制，日、月和五星远近距离及历法测算中数学理论基础等。

《崇祯历书》虽有缺欠，有的数据并不精确，但毕竟具有科学性，标志着我国历法从古代体系过渡到近代体系，迈入一个新的发展时期。

明代数学成就，主要表现在商业数学发展、珠算普及，以及明末中西融合的数学研究。

明代商业繁荣，使商业数学也随之发展起来，出现了一些商业数学著作。如景泰元年（1450年）吴敬的《九章算法比类大全》，是明代商业数学代表作。此书共10卷，卷首有“乘除开方起例”，论述大数、小数记法、度量衡单位、乘除算法、整数及分数四则运算的规则等，列举出194种应用题解法。卷一至卷九则按方田、粟米、衰分、少广、商功、均输、盈朒、方程和勾股等九类分卷，各卷内容皆是对该类应用数学问题的解法。全书实际解出1329个应用数学题，其中有不少是与商业活动有关的新例题，如计算利息、合伙经营、就物抽分、互换乘除等类应用数学题。最后一卷专门论述开方，包括开平方、开立方、开高次幂、开带从平方、开带从立方。

明代商业发展，也使当时数学计算方法沿着由繁到简的方向发展，珠算得到普及，取代传统的用筹计算。珠算计算方法，比筹算既方便又迅速，至迟在宋元之际已经形成。明代珠算盘样式，嘉靖、万历时柯尚迁《数学通轨》有记载，是书绘有一个13档的珠算盘图，名谓“初定算盘图式”，其上二珠与下五珠中间用横梁隔开，完全与现代通行的算盘一样。

明代珠算著作，尤以万历年间最多，如徐心鲁《盘珠算经》、柯尚迁《数学通轨》、朱载堉《算学新说》、程大位《直指算法统宗》、黄龙吟《算法指南》等。其中朱载堉《算学新说》（不分卷）成书于万历十二年（1584 年），是书分别在开平方、开立方条下写出有关珠算口诀，并举例详细介绍具体的开方运算，从而在珠算史上首次使用珠算法进行开方运算。此外，万历二十年（1592 年）程大位撰成《直指算法统宗》17 卷，对 595 个应用题的数字计算，全用珠算演算，并用珠算法开平方、开立方。是书影响最广，《四库全书总目》该书提要评称该书算法“适于民用，故世俗通行”，为明、清算学者必藏之书。是书对数学发展有推进作用，李之藻编译《同文算指》时，从此书中摘录了不少应用数学题，以弥补西洋算法之不足。

明代理学盛行，专务空谈，不仅桎梏了学者思路，而且影响了科学发展，如传统数学研究遭冷落就是例证。这正是徐光启《刻同文算指序》文中所指“算数之学特废于近世数百间”的重要原因，“为名理之儒，土苴天下之实事”，深中肯綮。随着明末实学思潮发展和西学东渐，传统数学面临中西融合的局面。因此徐光启、李之藻等人除引入西方天文历法知识外，还引入西方数学知识，对明末数学发展产生影响。

万历二十八年（1600 年），徐光启在南京结识意大利传教士利玛窦。后来，徐氏与利玛窦研讨天文历法数学，并于万历三十五年（1607 年）共同译成《几何原本》前 6 卷。是书原本 15 卷，为古希腊数学家欧几里得（约前

330—前 275）所撰。当时所译前 6 卷，据徐光启序言说乃“翻其要”，是全书重要部分。卷一论三角形，卷二论线，卷三论圆，卷四论圆内外形，卷五、六俱论比例。徐光启在书中首次使用诸如点、线、面、直角、四边形、平行线、相似、外切等名词术语，已被延续为现代数学的名词术语。是书注重逻辑推理，对明末以后数学研究颇有影响。

李之藻据利玛窦生前演算编撰《同文算指》，分前编 2 卷、通编 8 卷，书前有徐光启序，于万历四十二年（1614 年）刊行。前编论笔算定位加减乘除公式，以及约分、通分之法；通编以西洋算法论述中国之九章。欧洲笔算最早传入我国当推此书，对明末以后笔算的发展有一定的影响。

另外，李之藻根据利玛窦生前讲授，于万历四十二年编撰《圜容较义》1 卷。书前有李之藻自序。是书论证周长相等的多边形面积，方形大于长形，多边形大于少边形，圜（即圆）形更大于多边形，属于比较圆形关系的几何学著作，从而充实了中国传统数学内容，对以后数学发展产生影响。

还需要指出，徐光启根据利玛窦生前讲授，于万历四十四年（1616 年）在融合欧洲古典数学和中国传统数学成果基础上，撰成《测量法义》1 卷、《测量异同》1 卷、《勾股义》1 卷。前者，演算利玛窦所讲授，论证勾股测量定义，融入了几何学原理、方法的研究成果；次者，取古代九章算法勾股测量与西洋新法相比较，证实其异同，并以中法之长补西法之短；后者，运用《几何原本》《测量法义》基本原理来解释并补充我国传统勾股测量法定义，从而把明末应用数学提高到了系统理论的高度。

五、地理学及其著作

明代地理学有很大发展，如海外地理知识丰富，地图测绘面积和质量、总志书和地方志书发展都超过了历代，自然地理学的发展也处在世界领先的水平。

郑和率领船队七下西洋，丰富了人们的海外地理知识。保存于茅元仪《武备志》书内《占度载》门类中的郑和航海图，记载郑和航海自南京开船到达非洲东岸幔八撒（今肯尼亚蒙巴萨）沿途地名 550 个，海岸地形划分及岛屿，一些特殊航段海深、海底底质，均一一标注，绘制精度很高，从而丰富了明代海外地理知识。当时郑和下西洋成员中，有马欢撰《瀛涯胜览》、费信撰《星槎胜览》、巩珍撰《西洋番国志》等，介绍船队所经 30 余国风土人情和地理概况，还介绍海洋地理中一些珍贵的资料。如马欢《瀛涯胜览》记载柯枝国（今印度西南岸柯钦一带）气候特点："常暖如夏，无霜雪。每至二、三月，日夜间则下阵雨一二次"，"至五、六月，日夜间下滂沱大雨"，"七月才晴。到八月半后晴起，到冬点雨皆无，直至次年二、三月间又下雨。常言半年下雨半年晴”。这三部书，开创了明代海外地理学。海外地理学发展，还表现在正德年间黄省曾撰《西洋朝贡典录》及万历年间张燮撰《东西洋考》、王在晋撰《越镌》、罗日褧撰《咸宾录》等，记载海外诸国风土人情、地理和贸易概况，可供当时或后人了解、研究东西洋各国史地情况需用。有关明代对日本史地研究，嘉靖年间有薛俊撰《日本考略》、郑若曾撰《日本图纂》等，万历年间有李言恭等撰《日本考》、侯继高撰《日本风土记》等，有一些资料是新的，说明当时研究已经进入新的水平。

我国地图测绘，见之于古籍很早。到了明代，除绘制于郑和下西洋期间《郑和航海图》，随着海内外地理知识不断丰富，嘉靖年间罗洪先沿用晋代裴秀计里画方传统，据元代朱思本《舆地图》增改而绘成《广舆图》2卷。《广舆图》补充增广了边远地区和海外部分，将不便保存的朱思本大幅图样分成近50幅小图，包括两直隶、13布政使司、9边、诸边、黄河、海运、外国图，并创制24种常用的图例符号，是地图绘制技术的一大进步。当时魏焕《九边考》、许论《九边图》、郑若曾《海防图》、陈祖绶《皇明职方地图》测绘，都与《广舆图》一脉相承。万历二十一年（1593年）王泮绘制明代中国地图，仍受《广舆图》影响，原件现藏于法国巴黎图书馆东方写本部。

西学东渐，欧洲测绘地图技术也传播到中国。万历十二年到三十六年（1584—1608），利玛窦编绘了《山海舆地全图》《世界图志》《坤舆万国全图》。本来明代人们相信天圆地方说法，故传统地图都保持正方形，而利玛窦绘制的椭圆形世界地图，使明代中国人第一次知道整个世界大地是个球体，懂得了世界有五大洲，从而开拓了眼界，增长了见识，并对明代地图测绘影响很大。传统地图是平面计里划方，测量方位不甚准确，而利玛窦是用所谓量天尺测各地纬度，又利用日月食以测经度，用弧形测量各地方位，自然准确得多。过去地理书籍涉及的世界地理地名多不准确，而利玛窦地图五大洲各洲地名、南极、北极、北极圈、赤道等地理名词译称，至今仍相沿通用。章潢卒于万历三十五年（1607年），其著作《图书编》就受到上书影响，如卷二十八《天地总论》篇说，“天空虚，而其状与鸡卵相似。地局定于天中，则如鸡卵中黄，地之上下四围，盖皆虚空处即天也”，还指出“天北高南下而斜倚，故北极出地三十六度”等，完全抛弃了天圆地方传统观念；卷二十九《舆地山海全图》是依利玛窦方法绘制，特别是《地球图说》附图中，南北极和经纬度测绘很严密、细致，比例、方向都较准确，表明明代绘制地图达到了近代新的水平。

明代全国性志书，有官修、民修两种。洪武三年魏俊等人受命编修《大明志》，后其书不传。永乐时命儒臣纂辑天下郡县图经，但未能成书。景泰年间，陈循等人奉命编修《寰宇通志》，全书先叙南北两京，次叙13布政使司，其下又分建置沿革、郡名、山川、形势、风俗、土产等38门类，但是书自《大明一统志》成书后即遭毁版，故传世甚稀。天顺年间，李贤等受命编修《大明一统志》，全书90卷，其体例多沿袭《大元一统志》。是书有南北两京、13布政使司分区，每府、州分建置、郡县、形胜、风俗及古迹、人物诸门类，最后两卷为民族地区和四邻诸国。虽然文字资料舛误不少，但结合其所配地图，对了解明代全国地理情况，仍有重要参考价值。民间私修，有万历年间王士性撰《广志绎》6卷，卷一方舆崖略，卷二两都，卷三江北4省，卷四江南诸省，卷五西南诸省，卷六正文原缺（考订嗣出四夷辑）。是书注重亲身见闻，实地考察，记述各地山川名胜、关塞险要、物产民俗等，史料价值比较珍贵。崇祯十二年，顾炎武始撰《肇域志》不分卷，取材二十一史、明历朝实录、府州县志和历朝奏疏及文集等资料，辑录有关各地沿革、建置、山川、名胜等资料，但未完稿，入清后只有抄本，流传不广。顾炎武同时编撰《天下郡国利病书》，历20余年成书，120卷。是书内容丰富，材料充实，首为舆地山川总论，次以明朝南北直隶、13布政使司分区，对地理形势、水利、粮额、屯田、官制、边防、关隘等都有详尽论述，偏重于军事形势和经济地理方面概论，并辑录不少原始资料，又录及西域和海外诸国，是一部重要历史地理书籍。明朝灭亡后隐居著书的顾祖禹，从顺治十六年（1659年）开始，参阅二十一史和100余种方志，历30余年撰成《读史方舆纪要》130卷。是书以明代疆域和当时的行政区划为依据，叙述各省府、州、县历史沿革、地理形势、关隘、古迹，着重于山川险要及战守得失，有关明代内容很多，颇有参考价值。

另外一类是地方性志书。其中有关南北两京志书，有洪武年间礼部编修《洪武京城图记》，专记南京。记北京的较多，有嘉靖年间张爵撰《京师五城坊巷胡同集》，万历年间谢杰撰《顺天府志》、沈榜撰《宛署杂记》，崇祯年间有刘侗等撰《帝京景物略》，等。而有关省府州县志书，其编修一般由当地官府主持。其体例比较严谨，内容比较全面，通常包括该地区沿革、疆界、图表、山川、户口、田赋、职官、人物、学校、选举、艺文、风俗、灾异、大事记等内容，较全面保存当时历史地理资料。明代方志，以正德以后居多，总计约有千种，为清代方志学鼎盛奠定了基础。

徐弘祖撰《徐霞客游记》，是明代自然地理学的最大成就。徐弘祖（1587—1641），字振之，号霞客，南直隶江阴人。幼好学，博览图经地志。20余岁便出游，历30余年足迹遍及南北直隶、浙江、福建、湖广、山东、河南、山西、陕西、广东、广西、云南、贵州等地，备尝艰险，将考察地理、水文、地质、植物等现象所得，写成日记体裁的游记。是书对中国近代自然地理学具创造性贡献，系统考察、研究湖南、广西、贵州、云南等地区岩溶地貌，注重其差异，其见解与现代地质学对西南岩溶地貌考察分类完全符合。是书对石芽、石林、溶洞、钟乳石等成因解释，都符合科学原理。是书对石灰岩地区地下暗河走向、进出水口勘察结论，对砂岩岩石特点叙述，都符合科学实际。长江江源方面，历代受儒家经典《尚书·禹贡》“岷山导江”影响，认为岷江是长江江源。而黄河河源，人们经过多次寻讨认为河源在昆仑山北麓，故王士性《广志绎》引《河图象纬》说“河导昆仑山”，又说“河□塞外，经五千里方入中国，甚远。而江近发源岷山”，遂形成江源近而河源远的定论。《徐霞客游记·溯江纪源》结合全国山脉地势，比较黄河、长江流量和流域面积，认为绝不可能“江源短而河源长”，发现岷江与金沙江在四川叙州府宜宾县会合，“岷江经成都至叙不及千里，金沙江经丽江、云南、乌蒙至叙，共二千余里”，怎么能“舍远而宗近”以岷江为长江正源呢？因而指出：“推江源者，必当以金沙为首”，从而否定了“岷山导江”传统看法。应该指出，金沙江之上有通天河，通天河之上有沱沱河，而唐古拉山脉各拉丹冬雪山就是长江正源沱沱河源地。虽然当时徐霞客受客观条件限制，不能远行到通天河、沱沱河及唐古拉山主峰，他的推论自然难以达到最确切的完整程度，可是他的探索否定了传统的看法，是江源认识史上的飞跃，为以后江源进一步探索指明了方向。

总之，《徐霞客游记》使明代自然地理学有了突破性进展，而德国地理学家李特尔所建立的欧洲近代自然地理学，晚徐弘祖100多年。徐弘祖研究岩溶地貌，在世界科技史上是第一人，而欧洲最早研究石灰岩地貌的学者爱士倍尔，也晚徐弘祖100多年。

六、少数民族地区科技

蒙古族地区。明代中叶以后随着经济发展，教育逐渐由衰落而复兴。一些庙宇学校，教导学生学习佛学、医学、天文、历法、占卜等。

藏族地区。白居寺、甘丹寺、哲蚌寺、色拉寺、扎布伦寺的修建，集中反映了当地土木工程技术取得了很大的成就。如坐落在江孜城西端的白居寺，修建于永乐十二年(1414年)，历经10年竣工。它规模宏大，设有17个扎仓(僧学院)，寺院中心大殿有3层，大殿旁建有白居塔。塔身9层，总高40米。塔内有108道门，77间佛殿、神龛、经堂。寺内建筑和雕刻、绘画，吸收了内地汉族和印度、尼泊尔、克什米尔等建筑技术和佛教艺术特色。明初僧人汤东杰布在雅鲁藏布江上修建108座铁索桥，这些桥梁都是用铁索悬空在河流两岸，上面铺以木板，是运用物理学、数学、力学、材料学等原理建成的。

维吾尔族地区。改宗伊斯兰教后，历法逐渐采用《回回历》，建筑技术亦逐渐受到阿拉伯伊斯兰教建筑艺术影响，并形成独特的民族风格。如崇祯十三年（1640年）始建的阿巴和加麻扎（墓），麻扎建筑近似长方形，底部横长39米多，四角各建一座半嵌在墙体内的巨大砖砌圆柱，柱顶均建有筒形小召唤楼，上竖弯月。麻扎高达26米多，均用葱绿色琉璃砖贴面，并伴有绘制着各种花纹、图案或写有波斯文、阿拉伯文古代警句的黄、蓝瓷砖。麻扎顶部中央是半球状砖结构大穹隆，穹隆上建有筒形小楼和弯月。建筑结构复杂，整体布局庄严、肃穆，精美绝伦。

回族地区。洪武年间，天文历法学者阿都剌、黑的儿、阿答儿丁、马哈麻、郑阿里等人都在钦天监任职，并都参与回回历书翻译工作，而《回回历》一直是《大统历》参照历法，并行262年之久。另外，郑和远航及其随员马观、费信、巩珍的著作，均开创了明代海外地理学。

满族地区。明代中叶以后，除自行采矿、冶炼，金属加工技术有了进步，懂得使用风箱提高炉温，将打制的铁箭镞趁热放入水中冷却，即成刚劲，这实际是生铁淋口技术。农业加工技术也有进步，如人参用水浸润不宜保存，实践中改用煮熟晒干，即可免遭损失。

南方少数民族地区。苗族医药学自成体系，一些苗药具有独特疗效，李时珍《本草纲目》就有苗药 20 余种。彝族医药学亦有成就，如彝文《元阳彝医书》记录病症 68 例、动植物药 200 多种，还记载一些简单外科手术。《滇南本草》收录不少彝族医药治疗和药物名称。《双柏彝书》成书比李时珍《本草纲目》早 12 年，详细记述多种疾病的治疗和用药方法。明代中叶以后，傣族逐渐有了自己的历书，一年分为 3 个季度，是一种以太阳年和朔望月相结合的阴阳合历。

第四章　思　想

明代君主专制制度的强化，超过了明以前历代王朝。本来程朱理学因适应强化君主专制的需要，遂成为明代初期官方正统学术思想。自王守仁沿袭陆九渊创立心学，程朱理学、陆王心学遂成为明代中后期官方正统学术思想。但是商品经济繁荣、资本主义萌芽的出现，对明代中后期思想文化产生深刻影响，一股有别于程朱理学、与陆王心学辩难反对空谈的实学思潮兴起并发展起来，使整个学术思想界发生巨变。明代晚期西方思想文化的传入，对晚明社会思想文化具有进步意义。

一、程朱理学与阳明心学

1. 程朱理学居统治地位

明朝洪武时，废除中书省和丞相制，设立锦衣卫；永乐时又设东厂，使皇帝拥有更大的权力，使君主专制制度的强化达到了空前的程度。与此同时，思想文化上强制推行程朱理学。

所谓程朱理学，是指北宋程颢、程颐兄弟和南宋朱熹所组成的学派。程颢、程颐认为“理”是天理、伦理合一，将三纲五常绝对化，主张“去人欲，明天理”。故“格物”即“穷理”，要认识到事事物物都是天理或伦理权威。朱熹在二程基础上，认为“理”和“天理”是宇宙根源，提出“理在事先”，即“理”在“气”先。故“格物穷理”所谓“事事物物，皆有至理”，实际认识事物是以客观唯心主义的“天理”为准则，以达到“明人伦，讲圣言，求世故”即维持封建统治秩序的目的。他为此又提出“存天理，灭人欲”，说：“君臣父子，定位不易，事之常也。”程朱理学，是在南宋宁宗时经过庆元党禁解除才取得统治地位的。到了元朝，南北统一，中央集权得到巩固，程朱理学适应其需要，遂被列为科举考试法式，开始成为官学。

明太祖朱元璋很重视程朱理学，据程嗣章《明儒讲学考》记载，早在元至正二十年（1360 年）朱元璋攻取婺州等地后，重用元末朱学传人刘基、宋濂、章溢、叶琛，并说“我为天下屈四先生”；入明后，“自太祖设科取士，崇尚理学，以程朱为标准。成祖时命儒臣纂修《性理大全》等，颁诸学宫。故明初学者咸守洛、闽遗规，罔敢踰越”，完全合乎史实。明代于洪武三年正式建立科举制度，规定以八股文取士，专取“四书”“五经”命题，而且要以朱熹集注为依据。朱熹集注是宋明理学理论基础。洪武年间所颁学校禁例，刻石置于学校明伦堂之侧，时称卧碑，曰：“国家明经取士，说经者以宋儒传注为宗，行文者以典实纯正为主”，“不遵者以违制论”。永乐十二年，明成祖朱棣谕旨胡广等人汇集程朱理学诸家传注，纂修《五经大全》《四书大全》《性理大全》，于翌年成书，共260卷。明成祖为是书写序，说明纂修是书“颁布天下，使天下之人，获睹经书之全”的目的，在于“修之于身，行之于家，用之于国，而达之天下。使国不异政，家不殊俗”。胡广等人《进书表》也说，是书颁行全国“俾人皆由于正路，而学不惑于他岐。家孔孟而户程朱，必获真儒之用”。这样，程朱理学继元代被定为官学之后，便被强行推上统治地位。

程朱理学处于统治地位的同时，明朝统治者则严禁“异端邪说”。据《明太祖实录》记载，朱元璋说：“夫邪说不去，则正道不兴。正道不兴，天下乌得而治？”根据他的旨意，所颁学校禁例，所谓卧碑，明确规定：“其有剽窃异端邪说、炫奇立异者，弗录。”朱元璋看到《孟子》有“民为贵，社稷次之，君为轻”“君有大过则谏，反复之而不听，则易位”“君之视臣如土芥，则臣视君如寇仇”等句，就十分恼火，一度撤去孔庙中孟子牌位，后经儒臣谏诤才得以恢复牌位。孟子毕竟是先秦儒学大家，朱元璋任命刘三吾负责审查《孟子》，删去诸如上述语句85条，编成《孟子节文》，刊行全国学校。删去的85条，定为“课士不以命题，科举不以取士”，生怕触动封建君主专制制度。

《明史·选举志》载：“科举必由学校，而学校起家可不由科举。”朱元璋为了有效地控制思想，十分重视兴办学校，用功名富贵引诱学生走进程朱理学牢笼。当时学校京师设国子监，地方设府、州、县学，此外还有社学（私塾）。国子监课程主要有“四书”“五经”，以及《大明律令》《明大诰》等，所学均以程朱理学为宗，学规明确规定学生“毋得往来别班谈论是非”“天下利弊，诸人皆许直言，惟生员不许”。府、州、县学诸生必须进国子监才能得官，国子监学生结业后可以做官，或再通过考试做官。特别是科举考试以八股文取士，体用排偶，到成化以后渐成定式。文章由破题、承题、起讲、入手、起股、中股、后股、末股八部分组成。四股各有两段对偶排比文字，合为八股，是文章议论部分，以中股为全文中心。按照这种格式写文章，只能言之无物，空话连篇。并且文章题目取自“四书”“五经”，行文只能以古人语气和朱熹集注阐发，不能有自己的见解。明朝学校教育和科举考试，严格地束缚人们的独立思考，把文人学者的思想限制在程朱理学范围之内，写文章除表达“尊孔忠君”外，不能随意引申和发挥，所培养出来的只能是沉酣于富贵名利、不学无术的腐儒蠢材。整个思想文化领域，呈现着一片灰暗沉闷的现象。如文坛上出现杨士奇、杨荣、杨溥为代表的“台阁体”诗派极度平庸乏味，就是例证。因而，崔铣《漫记》说，弘治以前“鲜有博览能文者”，顾炎武《日知录》总结性地指出：“八股之害，等于焚书，而败坏人才，有甚于咸阳之郊所坑者但四百六十余人也。”

这一时期理学成就不突出，其代表人物主要有宋濂、刘基、方孝孺、曹端、薛瑄、吴与弼等。值得注意的是，他们虽然宗奉程朱，但不是铁板一块。如永乐年间曹端《辨戾》反对朱熹所谓理乘气如人之乘马的比喻，不同意朱熹理与气“决是二物”之说，这种观点对后代人新思潮的形成是起到启发性作用的。又如景泰、天顺年间，薛瑄在曹端思想启发下，针对当时传授经书以朱熹注释为主的风气，在所撰《读书录》认为传注不精，主张“专读各经四书正文”，思想上有点活跃，对后代人冲破程朱理学束缚也起到了启发性作用。

2. 王守仁心学崛起

明代中期，理学发展的主要标志是王守仁心学崛起。王守仁继承和发展了宋儒陆九渊心学，故合称陆王心学，与程朱理学并列，成为宋明理学两大流派。但是，王守仁心学崛起，遭到了不少学者批评。

王守仁（1472—1529），字伯安，浙江余姚人，世称阳明先生。弘治十二年（1499 年）进士，授修撰。正德初以论救言官戴铣等忤刘瑾，杖阙下，谪龙场驿丞时，忽悟“格物致知当自求诸心”。后移庐陵知县，累擢右佥都御史，巡抚南、赣，相继镇压谢志山、詹师富领导的农民起义，平定宸濠之乱。嘉靖时封新建伯，总督两广，镇压大藤峡瑶族人民起义。卒谥文成。有《王文成公全书》38 卷传世。

王守仁心学崛起，是明代理学演变的必然结果。成化年间陈献章主静近禅，是王守仁心学先驱。陈献章是吴与弼门人，吴与弼主张“静中思绎其理”，静中悟理，实际杂入陆九渊“心即理”思想。陈献章受到影响，故主张“惟在静坐，久之然后见吾此心之体”。事实上，曹端、薛瑄、吴与弼、陈献章均程度不等地冲破洪武以来思想上的枷锁，使学术空气逐渐活跃起来，王守仁心学的出现绝非偶然。王守仁与朱熹一样，都鼓吹“去人欲，明天理”，但王守仁是以心为主体，所以他在《传习录》说“天地万物皆在吾人心中”，“身之主宰便是心”，认为心即理，心外无理，心外无事，心外无物，是继承和发展了陆九渊主观唯心主义的“心即理”思想。在王守仁看来，“心明便是天理”，主张“知行合一”，不是为了正确认识客观世界，而是局限在封建伦理道德上言行一致，故提出“致良知”，认为人生来就有“良知”，“良知”存在于“心之本体”。“致良知”是以“存天理，灭人欲”为其内容，而

“致知格物”就是“致吾心良知之天理于事事物物，则事事物物皆得其理矣”，这就突出了事亲、事君、仁人爱物、视听言动的封建伦理道德自我约束的意识。不难看出，王守仁心学完全迎合了明代中后期封建统治者的需要。

从当时历史背景看，明代中期社会各种矛盾都在激化中，而土地问题已成为明代中期最尖锐的社会问题，农民反对地主阶级兼并土地，举起抗租义旗，致使全国各地起义蜂起。其中规模较大的有正统时邓茂七起义，天顺、成化时荆襄地区农民起义，正德时刘七、刘六起义曾计划围攻京师，对明朝封建统治的打击是沉重的，同时也表明程朱理学是束缚不了人民的。《明史》称“终明之世，文臣用兵制胜，未有如守仁”，他亲自镇压江西多处农民起义，并在广西镇压坚持数十年之久的瑶族人民起义，他鼓吹“致良知”完全是为了巩固当时的封建统治秩序。也正因为如此，明廷在王守仁死后，才为他建祠，从祀孔庙。总之，王守仁心学崛起，标志着明代理学从客观唯心主义向主观唯心主义的转变，是明朝理学空虚、衰落的表现，也是明朝封建统治从盛转衰在理学领域里的一种表现。

阳明心学崛起，王守仁和他的后学形成了一个庞大的流派，使一些学子不肯认真读书，专务空谈，因而遭到不少学者反对。虽然也有夏尚朴与王守仁争论，懋深“当王氏学盛行，独不受其波靡，宗主程朱”，但这些毕竟是理学内部分歧。据《明史》记载，罗钦顺当“王守仁以心学立教，才知之士翕然师之”时刻，首先致书守仁质疑“致良知”，守仁复书反复辩解两千余言，罗钦顺再次致书批驳守仁“虽极安排之巧，终无可通之日也”，指出“致良知”有忤《大学》“致知在格物，物格而后知至”本义。胡铎“与王守仁同乡，不宗其学”，所撰《异学辨》痛斥陆王为非儒非释非老之异学。另一同代人崔铣，公开指责王守仁“独挈良知，是霸儒也”。另据范鄗鼎《理学备考》记载，“与守仁同时讲学者，泰和罗钦顺、惠安张岳，世称贤大夫。两相指击其谬，守仁辨不能绌。盖守仁以名胜，钦顺、岳以实胜。实之与名，相去远矣”。值得注意的是，罗钦顺等人的这种批评，已经越出程朱、陆王理学内部的争论，而是锋芒直指理学的一股新的正在兴起的实学思潮。

二、实学思潮形成与发展

1. 实学思潮形成

明代学术病根，在于传授经书以朱熹注释为主，强调背诵，从而桎梏了学者思路。到成化年间，陈献章反对这种记诵辞章习气，强调“学贵知疑。大疑则大进，小疑则小进。疑者，觉悟之机也”，这就冲破了自洪武以来崇尚理学的束缚，促进了人们思想解放，使学术空气逐渐活跃起来。弘治末年以来，有相当一部分学者逐渐失去对宋明理学的信任，然而自陈献章理学理论被王守仁发展成为“致良知”以来，一些学者专务空谈，更使学术界受到刺激，正德、嘉靖之际，一股新的思潮就自然在反对理学的斗争中形成。*

许廷纶（1471—1534），怀疑宋儒传注，研磨经书，“尽洗相沿之臆言”，认为“宋人理气之分大谬也”。罗钦顺（1465—1547），“不止疑象山、白沙，而疑文公、文清，其疑处尽有理”，矛头直指宋明理学。他发展曹端反对朱熹“理气二物说”，认为“通天地，亘古今，无非一气而已，气本一也”，还批判王守仁心学“不可通也”。王廷相（1474—1544），精通天文、音乐、农学、诗文等，批判朱熹“理”为本，主张“气一则理一”，“所谓理者，以气自有条理”。何塘（1474—1543），认为“自宋以来儒者之论方苦太多，此吾之深惧也”，指斥朱熹“穷理”说，“天下之物多矣，欲一一而知之，其势盖有所甚难者”，并指斥阳明心学“于古人之道不免差矣”。他具有实学思想，故究心世务，关心日用所急，针对时政腐败，力主“明德新民”。著有《儒学管见》《律吕管见》《阴阳管见》，对后世产生重要影响。吕柟（1479—1542），指责明儒空谈

* 本章以下涉及材料，取自黄宗羲《明儒学案》、范鄗鼎《理学备考》、范彪西《理学备要》及相关人物的文集。

"格物致知"是"太高远乎","朱熹亦短其致知,以孔颜之学观之,后儒失之远矣",批评朱熹"事事物物皆要穷理,何时可了",在许多问题上与朱熹有根本性分歧,主张"即事即学,即学即事"。这种实学主张颇具特色,不但要通古知今,还要通天知地,"四方上下、山川草木皆书册也,要之有所归耳",对科学技术发展起促进作用。张岳(1492—1552),反对空谈,若"使圣贤训典充腹盈纸,犹不得为之善学,而况今人用之空言邪",批评程朱、陆王"不稽其实而徒取,必于期会无益而反滋弊端",主张"应事接物以发挥","只就日用行世上实下工夫"。崔铣(1478—1541),在薛瑄影响下不迷信传注,故其学"自有真得,不随朱子脚下转是也",并认为《易经》多家传注疑点不少,就特意撰成《读易余言》一书,同时他"诋阳明不遗余力",力主"知即为行,事即是学"。崔铣还总结自陈献章讲学、心学兴起而引起学风变化,指出:"弘治以前,士攻举业,仕则精法律、勤职事,鲜有博览能文者","今日士著书则自谓周汉,摛词则自任风雅","各择一义为门户","崇好佛经老子,曰精于六经","大抵钓名以致利而已,其行犹夫人,其心之诈则莫测也"。这些话道出了理学无能和专务虚名高谈等等倾向,使社会思想内涵更加复杂,从而形成有别于理学、反对空谈、反对脱离实际的实学思潮。

除了上述诸人,魏校(1483—1543)、寇天叙

(1480—1533)、张士隆（1475—1525）、舒芬（1484—1527）、马理（1474—1555）、吴廷翰（约1491—1559）等人也都具有实学思想。这些人思想相通之处在于，重视经书正文而不迷信传注，论学务为平实，反对空洞玄谈，强调实用，并且敢于反对宋明理学。值得注意的是，这些人有的出自江南地区，有的出自北方地区，但他们大多曾在江南地区做官，或从事学术活动，江南地区可谓是实学思潮兴起和发展的摇篮。如吕柟是陕西高陵人，但其黄金时代均在南京任职、讲学，其门生遍于大江南北，盛况空前，故黄宗羲说他在南京9年，“东南学者尽出其门”，“讲席几与阳明氏中分其盛”，称得上是实学兴起时期的代表人物。而当时江南地区社会经济发达，市镇经济也有发展，民间风气变化，必然对思想文化产生深刻的影响。另外，当时农学、水利学、医药学、地理学、手工业生产技术也有一定的发展。所以，当时出现实学思潮是有其历史必然性的，而实学思潮的发展，也必将对一定的社会政治、经济、文化和科学技术的发展产生巨大的影响和作用。如李梦阳、何景明、康海、王廷相等人在文坛上反对“台阁体”，发起复古运动，就是在此背景下活跃起来的。

2. 实学思潮发展

从表面上看，王守仁心学形成后迅速传播，浙江有王畿、钱德洪，江西有邹守益、欧阳德、聂豹、罗洪先等等，很快进入鼎盛期，实际上，随着实学思潮兴起和发展，反对宋明理学的斗争日益深入。如唐顺之（1507—1560），黄宗羲说他“得之龙溪者为多”，似属阳明学派王畿分支，其实不然，他的《书王龙溪致知议略》流露出相反的意见。尽管他与王畿、罗洪先有交往，但他在实学思潮影响下痛斥宋明理学“无实用”，指出“儒者务高之论，莫不以为绝去艺事而别求之道德性命”，“满纸炫然，一切自托于儒家”，“极力装做，丑态尽露”，批判是够尖锐的。唐顺之力主治学要“实用”，他本人通晓天文、地理、数学、历法、兵法、乐律，是嘉靖时后起的实学名家。

应该看到，从嘉靖、万历开始，整个学术思想界发生巨变，实学思潮势不可遏。先看嘉靖年间，如师承陈献章的湛若水门人王材、张节，拜吕柟为师，放弃湛学。又如王守仁门人何廷仁、冯恩、程默，王守仁再传门人林春（师事王艮）、薛应旂（师事欧阳德）、游震得（师事欧阳德、邹守益）、李遂（师事欧阳德），先后拜吕柟为师，放弃“致良知”空谈，论学务为平实，颇有学行。又如王守仁门人黄绾，从未听过吕柟讲课，对阳明心学笃信不疑，但晚年在实学思潮影响下，批判王守仁“良知既足，而学与思皆可废”，乃“失圣人之旨，必将为害，不可不辩”；指斥程朱“不足以经世”，乃“下乘禅学”。这足可表明，阳明学派盛时，就已开始分化。薛应旂专勤著述，力主“知即为行，事即为学”，对门人顾宪成影响甚大。李遂之子李材抨击程朱“与孔子之教真是天渊”，斥阳明心学“总属闲谈”，力主“事事归实”，对门人高攀龙影响甚大。这股务实的思潮，培养了一批诸如李遂、海瑞、戚继光、张居正等政治家、军事家，对当时社会发展起到了促进作用；还培养了一批诸如李时珍、朱载堉、徐光启、徐弘祖、宋应星等科学家，他们深入实际，调查研究，写出一批巨作，使明代科学技术有了进一步的发展。特别是朱载堉，他的以笛合字为宫声之法，就是在受到吕柟《诗乐图谱》专取黄钟一调启发下发明的，所撰《律吕精义》等书就是在何瑭《乐律管见》等书启发下亲身实践完成的。

万历天启年间朝政腐败，但当时社会经济仍有较大发展，商品经济活跃，市民意识正在觉醒，这正是实学发展史上承上启下时期，也是明代理学赖以存在的理论基础崩溃时期。这一时期的实学以姚舜牧（1543—1627）为代表，他深感宋明理学弊病，强调指出“（经书）注释处不无什一出入于圣贤之旨，而后世儒者因而泥执之太过，则并其所谓什八九者，亦牵拘附会，以立其说焉”，于是他系统撰写《四书疑问》《易经疑问》《书经礼记疑问》《诗经疑问》《春秋疑问》等质疑经书传注专著，其核心是：学习经书以正文为根据，不能拘泥于传注，并提出疑问，向宋明理学理论基础挑战，冲击着明代封建君主专制统治，这是明代思想史上的重大事件。邹元标（1551—1624）高度评价姚舜牧的贡献，指出姚氏“以信起疑，以疑证信，而又究竟于真悟，相期于无言。斯语也，岂寻常所能道哉？唯圣贤奥旨了悟于胸中，故见辄能印，而笔辄能到耳”。质疑程朱传注，是实学思潮发展的必然结果，因而绝非偶然现象。如章潢（1527—1607）是姚舜牧同代人，编撰《图书编》《书经原始》，他认为“圣学不明”原因，是“乱之于（传注）诸家支离之说者，其弊欲杂而难明”。焦竑（1540—1620）也是同代人，他在《焦氏笔乘》中批评朱熹“于圣贤大旨，未暇提掇”，借唐制影射宋明理学“大为未当。圣贤之言，岂一端而已”，还肯定实学思潮发展，指出“近日稍稍自出意见，以伸其说，此足以破前代之谬也”。另一同代人祝世禄（1539—1610），本来师事阳明学派耿定向，但思想上发生很大变化，公然说“经学支离，起于以传解经，不以经解经”，质疑传注。李贽（1527—1602）也敢于质疑并向成说挑战，指出《论语》《孟子》是“其迂阔门徒，懵懂弟子，记忆师说，有头无尾，得后遗前”，并非“出自圣人之口”。经典传注在实学思潮冲击下崩溃了，理学趋向衰亡。东林书院顾宪成（1550—1612）、高攀龙（1562—1626）重视经国济民实事，在《东林书院志·会语》中力主“事即是学，学即是事”；京师首善书院冯从吾（1556—1627）“学无所不入”，主张联系实际，他们针对晚明种种弊端，在政治上形成力图改革的派别。另外，西学东渐给晚明实学思潮带来巨大影响，徐光启、李之藻等人用西方科学成就来审视传统科学观念，容纳和传播西学，成为晚明实学发展一大特征。

实学思潮，一直发展到明末清初之时。如崇祯七年，黄道周的《榕坛问业》就“格物致知”命题批判“象山诸家说向空去，从不闻空中有个止宿”，批判“考亭诸家说逐物去，从不见即事即物，止宿得来”。批判理学，一直是实学思潮形成和发展时最突出的特点。明亡后，朱舜水、黄宗羲、傅山、顾炎武、王夫之、唐甄、颜元等人都对宋明理学进行清理和批判，他们都着眼于天下万民，并在不同程度上批判君主专制制度。

三、欧洲传教士与基督教之传入及西学东渐

在欧洲资本主义原始积累时期，欧洲传教士伴随着西方殖民势力向东方扩展，而到中国来的传教士，主要是罗马教皇 1540 年批准西班牙贵族罗耀拉创立的耶稣会的传教士。耶稣会是天主教修会之一，而天主教又是基督教三个教派之一，是反对宗教改革的旧教。嘉靖三十六年，葡萄牙侵占澳门后，欧洲传教士纷纷来华，从而使基督教传入中国。许多传教士学习中国文化，还把欧洲科学知识介绍到中国，从而谱写了中西文化交流的新篇章。

1. 利玛窦等传教士东来与基督教之传入

嘉靖三十一年（1552 年），西班牙传教士沙勿略乘葡

萄牙船只进入中国广东珠江口的上川岛，不久他患病死在岛上。自葡萄牙侵占澳门后，欧洲传教士于嘉靖四十一年（1562 年）在该地定居，耶稣会于该地建立了一所神学院，教廷并于该地置主教区，该地就成为欧洲传教士在中国活动的基地。万历七年（1579 年），意大利传教士罗明坚到达澳门，为了适应中国风俗习惯，他依照佛教僧侣习俗穿戴并削发，学习汉语和汉文，还学习儒家经典。万历十年（1582 年），意大利传教士利玛窦来到澳门。

利玛窦，字西泰，1552 年生于意大利之马塞拉塔城。1561 年，入本城耶稣会学校学习。16 岁时到罗马学习法律。1571 年，加入耶稣会为修士，继续在耶稣会学校学习哲学、神学，并从当时著名数学家克拉维尤斯（在拉丁文是“钉子”，故利玛窦称丁先生，下文同称）学习天算。后来他自愿到远东传教。因请命于耶稣会会长，于 1577 年到达葡萄牙，次年到达葡萄牙东方殖民地印度果阿。1582 年奉耶稣会之命到达澳门，从此他便在中国开始了传教生涯。

万历十一年（1583 年），罗明坚和利玛窦获得肇庆知府王泮准许，进入肇庆修建房屋，建立了一传教中心。罗明坚用汉文撰写《天主圣教实录》，宣传教义。利玛窦绘制世界地图，并开始用铜、铁制作天体仪、地球仪，把所制的日晷刻在铜版上，均送给当地友好官员，大开当地人的眼界，其时也是欧洲地理学、天文学传入中国之始。万历十三年（1585年），葡萄牙传教士孟三德、麦安东到达澳门，不久孟三德移居肇庆。利玛窦与罗明坚一起传教近10年，也学会了汉语和汉文，努力学习儒家经典，并适应了中国传统习惯。

万历十七年，王泮由按察司副使分巡岭西道迁湖广参政主管布政司，在肇庆的传教士被新总督逐出后，利玛窦移居韶州。利玛窦在韶州拒绝入住佛教偶像崇拜的寺院，购买一块空地，建起了第一座教堂。苏州籍人瞿太素，喜欢数学，拜利玛窦为师。瞿太素，名汝稷（瞿景淳之长子），建议利玛窦蓄长发，改穿儒服。利玛窦认为这个建议对基督教有好处，这样他们就不会被误认为是向偶像崇拜的和尚，后来瞿太素皈依基督，更使利玛窦坚信传教的最好办法是使中国人相信欧洲科学知识的长处。万历二十三年，利玛窦又在南昌建立了第二座教堂，易僧服为儒服，结交士大夫，并成为建安王朱多㸅、乐安王朱多熿的贵宾好友。他将天体仪、地球仪和标有日出日没时刻、每月昼夜长短变化的卧钟送给藩王，还将一只瞄准北极的夜钟、一副星盘送给总督，而知府却向他要了两个日晷。当时他还刊行《交友论》《西国记法》《天主实义》，而《天主实义》利用儒家思想解释天主教义，同时抨击佛教的观念。利玛窦希望皇帝能信仰天主教，万历二十六年他通过南京礼部尚书王弘诲门路去了北京，适值日本丰臣秀吉发动侵朝战争，明朝连年出兵援朝，举朝不安，故他未有见到皇帝的机会。万历二十七年（1599 年），利玛窦在南京建造了第三座教堂。利玛窦在南京期间，由于他的博学多识，使魏国公徐弘基、丰城侯李环、太监冯保、学者焦竑、祝世禄、李贽、徐光启等对他颇感兴趣，都和他保持友谊关系，而徐光启于万历三十一年（1603 年）因事又来南京时就皈依了天主教。利玛窦在南京与雪浪禅师辩论，反对佛教偶像崇拜，从而扩大了天主教的影响。但是他不禁阻教徒祭天、祀祖、拜孔等偶像崇拜。万历二十八年（1600 年）四月，利玛窦在祝世禄、王弘诲支持下，再次去北京。途经济宁时再次见到李贽，并与其友好交谈。同年十二月到达北京，第二天向明神宗进贡自鸣钟、十字架、钟表、翼琴（钢琴之前身）、圣母像和玻璃三棱镜等礼物，并附有奥尔蒂列《万国图志》，竭力向宫廷传播天主教的影响。当明神宗看到耶稣受难十字架时，惊奇地高声说道："这才是活神仙。"明神宗给赐优厚，敕准利玛窦长期定居北京，并在宣武门内建立天主堂。其后，利玛窦在京城结识日广，如沈一贯时为设醴，且馈资斧；冯琦亦屡问西学，时求阅所译书籍；叶向高、李日华、曹于忭等人亦与其往来密切。万历三十一年利玛窦定稿刊行《天主实义》，并于万历三十六年（1608 年）定稿刊行《畸人十篇》。

这时，基督教在中国已有韶州、南昌、南京、北京四处教堂，基督教在全国各地得以传播，已有两千多人领受洗礼。全国基督教不受澳门教区管辖，而是一个由利玛窦神甫主持下的独立传教区，有欧洲神甫郭居静、苏若汉、罗如望、庞迪峩、熊三拔、龙华民、王丰肃、谢务禄、阳玛诺等13人，有澳门出生的中国修士钟明仁、黄明沙等7人。万历三十八年（1610年），利玛窦病死，明神宗赐给阜成门外一处安葬利玛窦，这是中国第一座基督教的墓地，至今无恙。

应该承认，利玛窦利用儒家思想、欧洲科学知识传播基督教是成功的。在当时2000余名基督教徒中，很多是上层显贵、官僚和士大夫，其中包括徐光启、李之藻、杨廷筠等重要官员。这里应该介绍“学求有用，不事空言，为淮西士人之冠”、遭税监陈奉诬奏入狱的湖广佥事冯应京，他信奉基督教，与利玛窦为莫逆之交，虽因种种原因生前未能受洗，但他对洗礼的渴望是真诚的，并允许他的所有仆人自愿洗礼，令当时许多传教士深深感动。利玛窦死后，基督教传播增广，到天启七年（1627年）全国信徒达13000余人。据崇祯时资料记载，南北直隶、杭州、开封、绛州、西安、武昌、山东、嘉定、常熟、上海、福州等地皆有教堂。到崇祯十五年，皇室中教徒有140余人，宫女入教的有50余人，太监入教有40余人。据《烈皇小识》，明思宗受徐光启影响亦信奉基督，将宫中佛像尽行毁碎。南明永历时，宫中教徒多人，如桂王嫡母王太后教名烈纳，生母马太后教名马利亚，太子慈煊教名当定，太监庞天寿教名亚基楼契利斯当。

2. 利玛窦等人译介西方学术论著，开拓了中国人的眼界

利玛窦在意大利受过良好的教育，掌握了文艺复兴以来欧洲天文、历法、数学、地理等科学知识，来中国时又带来了一批图书资料。他把欧洲科学介绍到中国，编撰了《西国记法》《坤舆万国全图》等，其中尤以编译《几何原本》最为重要。而当时明朝理学已经趋向衰微，以求经世致用的实学思潮势不可当，颇有采用欧洲科学趋势，于是出现了徐光启、李之藻等代表性人物，为我国科学发展带来了新的动力。

本来利玛窦定居北京前几年，朱载堉进《圣寿万年历》《律历融通》两书，极诋《大统历》之误，力主改历之声不绝。所以，利玛窦进京后首先与徐光启、李之藻译述算学、测量、天文等书籍。

众所周知，天文、历法要求测验、推算非常精确，不能有丝毫之差错。当时出于修历的需要，不少学者热心学习和研究与历法有关的数学知识。《几何原本》原为古希腊欧几里得所著，历代学者均重视是书，或作诠解，或作注释，1574 年利玛窦之师丁先生译成是书，并作订补，使之精赅。万历三十五年利玛窦与徐光启合译丁先生《几何原本》前 6 卷，将几何学正式传入我国。接着他们又合

译《测量法义》1卷，主要是介绍各种圆内接多边形求边长的方法，以弥补中国原有测量法之缺漏。徐光启所撰《测量异同》1卷、《勾股义》1卷，是取中国古法《九章·勾股》测量与西方测量法相比较，证其异同。在笔算方面，万历四十一年李之藻据利玛窦生前演算，撰成《同文算指》前编2卷、通编8卷，首次传入西方笔算法。是书前编言笔算定位、加减乘除之式，及约分、通分之法；通编则以西方算法论述我国古法《九章》，涉及比例、比例分配、盈不足、级差等内容。它的传入，对整理中国古代数学遗产、发展中国传统数学，起了很大的推动作用。

利玛窦与李之藻合译《乾坤体义》2卷，专叙天体，即地与海合为一球，居天球之中，地球而外有月天、水星天等九重天，是第一部向中国传入的西方天文学著作。万历三十六年（1608年），利玛窦与李之藻译述《圜容较义》1卷，是书借平面以推立圜，设角形以证浑体，天地皆圆，而地在天内，如以大圜包小圜，乃言圜为大，说明宇宙之大。利玛窦与李之藻译述《浑盖通宪图说》2卷，说明平仪则以立圆之体绘为平圆，以示天文历象，即第一次使用欧洲天文学方面的度量体系，介绍黄道坐标系，并叙述晨昏朦影定义、日月五星大小与远近、星等概念。万历三十九年（1611年）意大利人熊三拔根据利玛窦生前旨意撰《简平仪说》1卷，介绍欧洲用简平仪观察太阳经纬度、定时刻、定纬度的方法，同时简述大地是球体的概念。万历四十二年（1614 年）熊三拔还撰有《表度说》1 卷，论述太阳周行规律及太阳大于地球之比例，介绍欧洲日晷方面的知识。万历四十三年（1615 年）葡萄牙人阳玛诺撰《天问略》1 卷，介绍了托勒密体系的十二重天说、太阳的黄道运动、节气与昼夜长短、月面圆缺、交食深浅等原理，并突出介绍伽利略使用刚发明不久的望远镜观测木星的 4 颗卫星。

徐光启、李之藻积极宣传欧洲天文历学，而改历之议亦终赖此两人得以实现。崇祯二年开历局，督修历法的徐光启推举李之藻及欧洲传教士龙华民等人管理其事，他们完成了巨著《崇祯历书》。是书有解，有术，有图，有考，有表，有论，足以详尽蕴含当时欧洲天文历学之成就，是明末译介欧洲天文历学最重大事件。该历书使我国天文历学体系，开始从中国传统的代数学体系转变为欧洲古典的几何学体系，应用几何学、平面和球三角学知识简化计算方法，并明确了地球的概念、经纬度概念及其测定计算方法，介绍了比较准确的蒙气差改正值、回归年长度（365.242 187 日）等。这部历书，对我国后来天文学发展有较大影响，也是后来修历的重要参考资料。

舆地之学，自利玛窦来华，才开始有了新的发展。此前，中国囿于传统的“天圆地方”观念，对世界地理始终不能有清晰认识。首次以世界地理知识传入中国，则自利玛窦《世界全图》开始。万历十二年，当利玛窦在肇庆传教时，驻扎此地按察司副使王泮，在教堂接待室看到墙上挂着一幅用外文标注的世界全图，喜其绘制精细，请求利玛窦译成汉文。利玛窦重新摹绘，且附以汉文注释，题名《山海舆地图》。王泮为之刻印，分赠友好，一时流行颇广。另外，应天巡抚赵可怀也在苏州刻印。利玛窦定居北京后，先由冯应京据旧本刊刻。后来李之藻刊刻时，经利玛窦详细订正成为《坤舆万国全图》，是当时明代质量最佳的世界地图。此地图乃椭圆形，使当时人们第一次知道整个世界大地是个球体，有欧洲、非洲、亚洲、美洲、南极洲等五大洲，各洲都有许多国家，而中国则是亚洲的一部分。中国自古有九州之名，而无五大洲之说，五大洲之名见之于《明史》外国传则自此始。《坤舆万国全图》自北而南，分寒、温、暖等五带，重视天文地理说明，此亦中国前所未闻。利玛窦此图用经纬线绘制，成为我国以科学方法绘制地图之先例。

明末，欧洲传教士已将西方物理学与其他工艺技术知识零星地传入中国。万历四十年（1612 年）熊三拔撰《泰西水法》6 卷，专记欧洲取水、蓄水之法，并附有各种水利器械图式，这是传入中国的第一部制作技术专著。天启六年（1626 年），德意志传教士汤若望译编《远镜图说》，论述望远镜制法及其原理，如凸镜、凹镜配合，光线、曲折反射原理，是光学传入中国之开始。天启七年（1627 年）瑞士传教士邓玉函与王徵译述《远西奇器图说》，全书3卷，卷一“重解”介绍力学的性质、应用及重心、比重原理；卷二“器解”论述各种机械包括天平、杠杆、滑车、轮轴、螺旋及斜面的原理与应用，均是物理学力学范围，当时名曰“重学”，能施诸实用，故又名之曰“力艺学”。卷三图说，有起重11图，引重14图，转重2图，取水9图，转磨15图，解木4图及解石、转碓、书架、水日晷、代耕各一图，水铳四图。每图都注明其机械原理应用。明末机械制造原理、制造方法，则以此书最为完备。另外，崇祯十六年汤若望与焦勖译述《火攻挈要》上中下3卷，介绍欧洲火炮弹药制造技术，还介绍炮攻技术。

四、晚明有关基督教之论争

欧洲传教士在中土的传教活动，除引起晚明学者士大夫宽容与排斥之论争，尚有基督教徒与佛教徒激烈论战，这是晚明思想史、宗教史不能忽视的事件。

1. 学者士大夫宽容与排斥之论争

利玛窦逝世后，意大利传教士龙华民继掌中土教务，凡利玛窦所宽容教徒祀天、祭祖、拜孔等仪式，龙华民则严厉禁止，实与儒家思想不合，因此激起人们广泛反感。南京是天主教耶稣会在中国的重要基地，教会事业颇为发展，万历四十四年，南京礼部侍郎沈潅3次上疏，力排并诋毁耶稣会教士，南京诸臣晏文辉、余懋孳、徐如珂等人起而附和，反教之声非常强烈。徐光启也及时上《辨学章疏》，为传教士辩护甚力。但是，沈潅令巡城御史孙光裕逮捕南京教堂神甫王丰肃、谢务禄、钟鸣礼以及教徒20余人，并幼童5名。明神宗下旨禁教，“迫令西士归国”，译订西洋历法之事遂断。其后，庞迪峩、熊三拔卒于澳门，而王丰肃改名高一志、谢务禄改名鲁德昭，又悄然潜回内地，秘密传教。

万历四十四年辽事方急，杨镐四路丧师，京师大震，徐光启疏请练兵自效。明神宗很快就提升徐光启少詹事，兼河南道御史，练兵通州。徐光启、李之藻素与西方传教士友善，知道欧洲火攻之术甚精，可使明军士兵演练以备边急，派张焘往澳门并于天启元年购置西洋大铳。天启三年意大利传教士艾儒略、毕方济一同来到北京，其后澳门西士屡来京供职。天启六年，张焘购置的西洋大铳在袁崇焕宁远守卫战中发挥威力，竟获大捷。崇祯年间，徐光启督修历法。由是天启、崇祯年间传教士复来内地传教，得以出入京城，这与徐光启、李之藻等人采取宽容的态度是分不开的。

徐光启等官员面对晚明社会严重危机，希望从传教士那里找到解救当时社会政治、经济和精神道德全面危机的途径。他们大多是主张务实的科学家，对传入的欧洲科学技术给予很高的评价，因而他们在政治上对传教士抱有宽容、同情的态度。叶向高、冯应京、曹于忭等人虽不是科学家，但他们文化素质高，顺应实学思潮，也希望从西学找到解救晚明社会危机的途径，所以也对传教士抱有宽容和同情态度。祝世禄、焦竑、李贽等学者反对理学，反对封建专制的压抑，顺应事即为学、学即是事、事事归实的实学思潮，自然欣赏或赞同欧洲科学技术的传入，对利玛窦等传教士活动采取友好的态度，并时时给予关怀。

晚明理学在实学思潮冲击下虽然衰亡，但有些坚持理学立场的学者，如钟始声、黄贞、陈侯元、许大寿等人批判基督教的文章，均汇集于崇祯十二年由徐昌治订正印行的《圣朝破邪集》、崇祯十六年续刻该书。如书中载黄贞坚持理学理论反对天主教，指出："盖彼教独标生天、生地、生人、生物者曰天主，谓其体无所不在，无所不知，无所不能。谓天主赋畀灵魂于人曰性，不可谓性即天，不可谓天即吾心。又谓天地如宫殿，日月似灯笼，更不可谓天地即天主。天地也，天主也，人也，分为三物，不许合体，以吾中国万物一体之说为不是，以王阳明先生良知生天、生地、生万物皆非也。此其坏乱天下万世学脉者。"黄贞为了否认天主之存在，又写出《尊儒亟镜》一文，文中"道贯天地人物非夷所知说"条，以自己理学理论的万物一体之说作驳证，指出"是故当知此诚真体无所在而无所不在也。在圣人则为圣人之道……在君子则为君子之道……君子也，圣人也，夫妇也，天地也，飞潜动植也，共在一道中矣”，核心则在维护封建伦理道德，“此吾道一贯之宗，性与天道之旨也”，进而攻击天主教“妖夷不能知此一贯之道，故妄立天主与灵魂，而卑太极与道理也”。此外，上书还载钟始声居士（后来出家，法名智旭）《天学再徵》一文，根据理学的理论对基督教主张上帝是一位有意志之主宰、灵魂不灭、天堂地狱和赎罪等观念说法逐一批驳。

应该看到，晚明理学家排斥基督教，绝非孤立现象。中国传统思想，追其本源，多推始于先秦儒家学说。宋明理学形成和发展，当然是有历史的多方面因素影响为其背景的，并以继承或阐发孔孟之道统而自居。儒家思想总是教人如何为人，追求的是修身齐家治国平天下的大道理，视线锁定在现世固定的人际关系，基督教视线锁定在来世，人生各种修行，乃为来世获得福报，二者绝不相同。理学思想以“性与天道”为中心，既承认万物为一体，则不得不明心见性，以与万物无间，而达到个人受用之目的；基督教既承认上帝主宰万物，则不得不有所戒惧，以求来世福报，二者乃并行不悖。这不过是问题的一方面。另一方面，理学虽重自觉，重顿悟，但它毕竟导源于儒学，同时吸收佛学和道教思想，所以要排斥基督教，正表明当时中国与西方思想根本不同。

2. 基督教徒与佛教徒大论战

当年利玛窦在中土传教，迎儒排释，如《天主实义》《畸人十篇》诸书常取《六经》中之“上帝”之词以与“天主”相合，又取《论语》《中庸》某些章句与《圣经》说法相比拟，对佛教轮回、戒杀等说法攻击不遗余力。时有虞淳熙，官至吏部稽勋司郎中，自幼信佛，见到利玛窦排斥佛教，致书答辩，基督教与佛教之论战自此开始。时佛教四大家之一的由儒入释的杭州云栖寺袾宏禅师(1535—1615)，致虞淳熙书亦批驳利玛窦言论，视利玛窦为“幺魔”，“浅陋可笑，而文亦太长可厌。盖从此魔者必非智人也。且韩、欧之辩才，程朱之道学，无能摧佛，而况蠢尔幺魔乎”，均辑录在《辩学遗牍》书内。

杭州成为当时大论战基地，这不仅与虞淳熙、袾宏是杭州名流有关，而且也与教会发展有关。徐光启上海人，李之藻、杨廷筠杭州人，这3人弃儒学皈依天主教，乃为时人所注目。佛教徒攻击天主教，不仅由于利玛窦排佛，亦实由徐、李等名人皈依天主教所引发出来。万历四十三年，袾宏撰《竹窗三笔·天说》书，虞淳熙撰《天主实义杀生辨》等文，攻击天主教。天主教中有人假借利玛窦名义批驳虞氏《天主实义杀生辨》及袾宏《天说》，各以打倒对方为目的，双方论战已进入尖锐化时期。其后，杨廷筠撰《代疑篇》，为天主教辩护，辩难佛教教义，更激起佛教徒憎恨。

天启、崇祯年间，又有意大利传教士艾儒略、葡萄牙传教士傅汎际先后在福建、浙江传教，皈依者甚多，使佛教徒受到威胁。对临济宗中兴贡献甚大的圆悟禅师(1566—1642)，天启四年（1624年）在浙江海盐县金粟山广慧寺开堂说法，崇祯三年（1630年）为福州福清县黄檗山万福寺第一代住持，崇祯八年（1635年）撰《辨天一说》，伸张袾宏禅师旨意，而与天主教辨疑。李之藻曾为杨廷筠《代疑篇》撰写序言，虽云“一番新解必一番讨论，一番异同必一番疑辨，然后真义理从此出矣”，立论甚公允，但论战不免感情用事，乃至相激相荡。袾宏弟子张广湉在杭州到处张贴圆悟《辨天一说》，又闯入教堂要和传教士傅汎际或教徒辩论。傅汎际拒绝当场辩论，只答应改天再论。3天后，张广湉再去教堂，守门人不让进，反而对他说：“圆悟和尚去年来此辩论不胜，发性而去，现在又何必来辩论？”事后圆悟禅师气愤地说：“去年我未去过杭州，人人皆知。岂能去教堂与传教士辩论不胜，发性而去呢？”于是续撰《辨天》二说、三说，继续批判天主教。圆悟弟子通容禅师（1593—1661），是明亡后旅日名僧隐元之师，崇祯六年（1633年）以后，在闽福州、建安等地寺院开堂说法，所撰《原道辟邪说》四篇，为了攻击天主教，就积极提出佛教“大本与万有群象，古今物我为一体”的具体主张。另外，如纯、普润、寂基等僧侣也撰文批判天主教。

袾宏、圆悟、通容等高僧都被卷入其中，说明当时佛教与基督教争端十分尖锐。佛教徒主要论点：用佛教的诸天说来批判基督教天主是造物主说，基督教所讲的天主在佛教看来简直是渺小而微不足道的；灵魂是轮回的，是善恶之报应，而灵魂不是不灭的。传教士、教徒主要论点：天主无始无终，是宇宙本体，主宰万物；灵魂永存不灭，但不是轮回的。此番论战后，即沉寂无闻，佛教、基督教各行其教义，中国传统文化始终未受到基督教影响。因而，基督教传入中国之情形，颇与魏晋以来的佛教思想影响或儒、道、佛三教合一的历史不合，从这个角度可以说是利玛窦等人传教活动之失败。

五、少数民族地区思想文化

蒙古族地区。原始宗教萨满教又复盛行，除天山以南的蒙古人信奉伊斯兰教外，其他宗教皆趋于衰落。自万历六年俺答请藏族黄教派喇嘛索南坚措到青海蒙古各部传教后，黄教逐渐取代萨满教的主宰地位。

藏族地区。明代喇嘛教有五大教派，即噶当派、宁玛派、萨迦派、噶举派和格鲁派。其中格鲁派形成于永乐年间，其僧衣僧帽均黄色，亦称“黄教”，但影响很大。黄教创始人宗喀巴（1357—1419），针对当时喇嘛腐败情况进行改革，提倡僧人严守戒律，规定学经次第，严密寺院组织，以适应当时西藏政治和社会经济发展变化的需要。万历年间，黄教始有喇嘛转世重生住持教化制度，索南坚措便成了三世达赖。明末，五世达赖阿旺罗桑坚措借和硕特蒙古固始汗的力量统一全藏，建立了格鲁派政教合一的政权，其余各教派衰落。

维吾尔族地区。在元代察合台汗国和明代东察合台汗国统治时期，逐渐改宗伊斯兰教。嘉靖时生活在叶尔羌汗国的蒙古族人亦信奉伊斯兰教，其心理特点、文化特征都与维吾尔族接近。沙·马哈木·楚剌思编撰《寻找真理者之友》，记述了有关叶尔羌汗国一些伊斯兰教首领业绩等情况。

回族地区。明代中叶以后，一些回族学者开始用汉文译著伊斯兰教经典。为伊斯兰教中国化做出贡献的有：南直隶人王岱舆将程朱理学理、气、天命之性等一系列理论移植到伊斯兰教思想体系内，开创了中国伊斯兰教汉文学派；宁国府人詹应鹏，万历四十四年进士，官至浙江右参政，搜集有关伊斯兰教汉文资料，编成《群书汇辑释疑》，并用程朱理学理论解释伊斯兰教教义；山东掖县人张忻，天启五年（1625 年）进士，崇祯时官至刑部尚书，用程朱理学“无极”“太极”等概念解释伊斯兰教。此外，顺应实学思潮、刚正不阿的海瑞，在南京制定《教约》，认为“圣门之学在知行”，批评当时学子“一生读书作文，于家国身心毫无补益，谓之何哉”；另一位主张“穿衣吃饭，即是人伦物理”的进步思想家李贽，被迫害致死狱中。

满族地区。皇太极致书五世达赖阿旺罗桑坚措崇敬黄教，自此黄教在满族地区传开。著名学者达海翻译《三略》等书，未完成的有《孟子》等书。所译之书，方便满族子弟学习汉族思想文化。

南方少数民族地区。明政府大力兴办儒学，设置书院。如正德初年，王守仁因得罪宦官刘瑾，被谪发到“万山丛薄，苗、僚杂居”的贵州龙场驿，他创办龙冈书院、文明书院，讲学授徒，促进当地思想文化发展。另，傣族明代中叶以后虽然信仰传统的巫教鸡卜，但民间普遍信仰佛教。

第五章　艺　术

明代艺术的发展，犹如哲学思想领域的发展一样，均以正德年间为界，大致可分前后两个时期。前期从洪武至正德年间，程朱理学桎梏了人们思路，艺术创作相对岑寂，而一些优秀作品创作则集中在元明之际。正德以后，随着城市商品经济发展和实学思潮形成、发展，在社会物质生活与精神生活中或多或少反映出与传统不同的现象，促使明代艺术繁盛起来，小说、戏曲、音乐、绘画、书法等均取得了辉煌的成就。

一、从话本到小说

1. 长篇章回小说

章回小说形成在明代。章回，实际是故事分段（章）的结构形式，导源于宋元以来说话艺术（说书）分次（回）讲完的需要，总以类似“欲知后事如何，且听下回分解”结尾。这是宋元说话艺术的特点，流传下来的说书故事，即称话本。由此可见，章回小说是在宋元说话艺术基础上形成的。《三国演义》《水浒传》是最早的章回小说。

罗贯中和历史小说《三国演义》

关于三国的故事，早在魏晋时期民间已开始传说。到了唐代，三国故事已变成了说话艺术的重要素材。宋元以来“三国”更为盛行，民间说书人经过长期充实，加工成《三国志平话》话本。元末明初，罗贯中根据民间传说和流传的话本，参考陈寿撰《三国志》和裴松之“注”的正史资料，结合自己丰富的生活经验，进行全面整理和艺术加工，编撰了长篇历史小说《三国志通俗演义》，简称《三国演义》。此书明代嘉靖本 24 卷，分 240 则，每则篇幅大致相等，各用整齐的七言单句作题，章回体制大体确立。晚明标“李贽评吴观明刻本”，改 240 则为 120 回。清康熙年间，毛宗岗做些修改，回目改为对偶，成为现在通行的 120 回本。

罗贯中（约 1330—约 1400），名本。其籍贯有庐陵、钱塘等说法，生平事迹资料很少。永乐二十年（1422 年）贾仲名所撰《录鬼簿续编》说，“罗贯中，太原人，号湖海散人，与人寡合，乐府隐语，极为清新。与余为忘年交，遭时多故，天各一方，至正甲辰复会。别来又 60 余年，竟不知其所终”，是比较可信的。嘉靖王圻《稗史汇编》说罗贯中“有志图王”。清代徐渭仁、徐钠所绘《水浒一百单八将图题跋》，说罗贯中曾与元末张士诚有关系。由此推想，罗贯中不是一般文人，而是有抱负并有一定的军事、政治斗争经验的人物。他写过戏曲和乐府隐语，现存的杂剧作品有《赵太祖龙虎风云会》。他的主要成就，还是在小说方面。相传他写过十七史演义，今存署名罗贯中的小说，除《三国志通俗演义》外，还有《隋唐志传》《三遂平妖传》《残唐五代史演义》等。

《三国演义》作为历史小说，从汉末黄巾起义写到西晋统一，集中描写三国时代魏、蜀、吴之间军事、政治、外交种种斗争，斗争方式有公开的，有隐蔽的。通过这些斗争，罗贯中揭示了当时社会纷乱的原因以及人民所遭受的灾难。在处理历史人物和统治集团之间的矛盾冲突关系时，基本上依照正史记载，描写了各方面的战略策略。罗贯中“拥刘反曹”倾向明显，对刘备、诸葛亮、关羽、张飞所谓“明君”“贤相”“猛将”或所谓桃园结义讴歌，实际是表达人民憎恶“暴君”和渴望和平安定的愿望，这是作者经过元末动乱深沉反思后的艺术塑造，与元末明初人民的愿望合拍。本来陈寿《三国志》以曹魏为正统，魏志30卷，蜀志15卷，吴志20卷，而《三国演义》则有近五分之三的回目是有关蜀汉及其人物的故事的。历史小说不等于是历史书，《三国演义》故事情节和人物塑造上，往往虚多于实，乃至与正史有很大的出入，而这正是罗贯中这部作品的艺术特色。几百年来，曹操和诸葛亮成为奸诈和智谋的化身，这是《三国演义》成功塑造的两个艺术典型。

《三国演义》的艺术成就是多方面的。全书写出四百多个人物，多有个性。故事情节错综复杂、头绪纷繁，但是罗贯中突出三国矛盾斗争的主线，既曲折变化，又前后贯串，井然有序地展开故事情节。全书描写各种大小战役40多次，罗贯中总是以人物为中心，写出双方的战略、战术、力量的对比、地位的转化，使大小战役各具特色，千变万化，并善于揭示战争胜负的决定因素。如以弱胜强的赤壁之战，本来《三国志》记载非常简略，罗贯中却以长达八回的篇幅描写得非常精彩，淋漓尽致。前七回是写决战前各方之间斗智，如描写孙、刘联盟形成以及孙、吴内部和战之争，处处强调孔明的作用；曹操两次派蒋干过江劝降以及派遣蔡中、蔡和诈降，都被周瑜识破并巧妙地加以利用，但是，周瑜这些妙计每次都不出乎孔明的意料；周瑜忌妒孔明，想用断曹操粮道、监造十万支箭杀孔明，计谋一一被孔明识破，孔明的才能、气度处处高过周瑜。赤壁之战处箭在弦上的紧张时刻，用抒情的笔调点染孔明船中酌酒借箭、庞统深夜挂剑灯前读兵书、曹操在长江大船内置酒设乐赋诗、孔明于七星坛上祭风，推波助澜，把故事引向高潮。描写吴、蜀与魏交战双方敌我矛盾，较多的是依据史实加以夸张，而描写周瑜、孔明内部矛盾几乎全凭虚构。《三国演义》的语言风格，吸收了传记文学的语言成就，并加以适当的通俗化，雅俗共赏，具有简洁、明快而又生动的特色。

《三国演义》把历史知识、军事知识和政治斗争经验传播给后代，对张献忠、李自成、洪秀全等农民起义战略战术起过重大作用。民间往往仿效桃园结义组成各种秘密组织，进行反抗斗争。入清后，统治者抓住关羽“忠义”，屡次褒封关羽，并到处建立庙宇。可见《三国演义》对后代影响巨大，几乎涵盖中国历史的历史演义也由此陆续出现。戏曲中也出现大批三国剧目，至今仍再现在舞台上。

施耐庵和以农民起义为题材的小说《水浒传》

元末明初，与《三国演义》同时出现的《水浒传》，也为明代文学艺术增添了光辉。

宋江等人领导的农民起义是《水浒传》创作的依据。宋江等 36 人起义，在《宋史》《三朝北盟会编》《十朝纲要》《东都事略》等史书中都有片断记载，如：“宋江起河朔，转略十郡，官兵莫敢撄其锋”，“（宋）江以三十六人横行河朔，官军数万无敢抗者”，等等，可见宋江起义军战斗力很强。而其结局有招降说、平定说等，说法不一，但可以肯定是以失败告终。宋末元初，宋江起义故事在民间广为流传，已成为民间艺人说书、演唱的重要内容之一，以水浒故事为题材的话本、杂剧相继问世。南宋罗烨《醉翁谈录》所记的说书目录，已有《青面兽》《花和尚》

《武行者》《石头孙立》等水浒话本，是说杨志、鲁智深、武松、孙立的故事。《大宋宣和遗事》中有关水浒故事，虽然内容简单，却着重叙写杨志卖刀、晁盖等人劫生辰纲、宋江杀闫婆惜、九天玄女授天书，直到受招安平方腊终止，成为《水浒传》最早的蓝本。在元代杂剧里有不少水浒戏，其中关于李逵的戏最多，对梁山泊的描写日趋具体，水浒英雄由 36 人发展到 72 人，最后发展到 108 人。元末明初之际，施耐庵在宋末以来传说、话本和《大宋宣和遗事》、杂剧基础上整理加工，并依据现实斗争中的生活经验再次创作，终于写成《水浒传》。是书最早版本，题“施耐庵本，罗贯中编次”，100 卷，有征辽故事。嘉靖 100 回本，较多加工。明末 120 回本，又增加征田虎、征王庆故事。清初金圣叹删去原本 71 回以后的部分，保存了水浒故事主要部分。人民文学出版社 71 回本，是以金本为底本，慎重校订整理后重印。

施耐庵（约 1296—约 1370），名子安。籍贯有钱塘说。据《兴化县续志》载明人王道生撰《施耐庵墓志》云，原籍苏州，后迁居淮安，元代至顺年间进士，曾官钱塘两年，后终身不仕，矢志著述。卒于洪武初年，75 岁。有说曾参加张士诚领导的农民起义。他生前整理、加工写成的《水浒传》，是我国第一部以农民起义为题材的长篇小说。

《水浒传》全书以洪太尉误放妖魔为序曲，而实际却以高俅发迹为开篇，有表明“乱自上作”的用意。书中被昏君宋徽宗所宠任的太尉高俅，与蔡京、童贯等权奸把持朝政，将其亲朋党羽安插全国，这些人和地方上土豪恶霸、贪官污吏狼狈为奸，残害、欺压良民百姓。这一批大大小小的统治者，形成了一个可怕的黑势力网，逼使无数英雄纷纷落草，鲁智深、林冲、宋江、李逵、柴进、杨雄、武松、张顺、张横、解珍、解宝、杨志、孙立和阮氏三雄等农民、渔民、猎户、下层文化人和小官吏、小军官走上反抗道路，汇聚水泊梁山。是书讴歌梁山好汉“劫富济贫”“除暴安良”的行为，他们三打祝家庄，破高唐州，攻打青州、大名府、曾头市，两败童贯，三挫高俅，沉重地打击了封建统治势力。忠义堂排座次，是梁山好汉故事发展的高峰，作者热情歌颂了108人聚会此处，立起“替天行道”杏黄旗，是“八方共域，异姓一家”，“哥弟称呼，不分贵贱”，表达了农民追求平等的理想。

《水浒传》的艺术成就，最突出地表现在人物塑造上。全书出现许多个性鲜明、有血有肉、栩栩如生的典型形象，展示了英雄人物经由不同生活道路被逼上梁山。林冲是“官逼民反”最突出的典型。他原是禁军教头，有优厚的待遇、美满的家庭，自然使他形成安于现状的心理，对高俅等黑势力的迫害一再隐忍退让，同时他又有不甘久居人下受辱的性格，“忍”中有“不能忍”的因素。无端的陷害使他终于忍无可忍，聚集着复仇之火，逼上梁山，这是他性格发展的必然结果。鲁智深没有这种不幸的经历，原是渭州提辖，颇有地位的军官，在和统治阶级长期周旋中，看透了他们荒淫腐朽的本质，加上他一无牵挂的身世，形成了“杀人须见血，救人须救彻”的正直、勇敢、好打抱不平的性格，鲁智深的这种性格，和当时黑势力存在着不可调和的矛盾，从五台山寺当和尚到落草为寇，纯粹是仗义勇为而难以存身的结果。同时，是书还大量通过特征性渲染或夸张塑造人物个性，如吴用智取生辰纲、双掌连环计、智赚玉麒麟，鲁智深拳打镇关西、醉打山门、倒拔垂杨柳、大闹野猪林，林冲棒打洪教头、风雪山神庙，武松景阳冈打虎、醉打蒋门神、大闹飞云浦、血溅鸳鸯楼，李逵斗浪里白条、大闹江州、力杀四虎、独劈罗真人、大闹忠义堂等等，都充满了传奇色彩，把他们的反抗性格和道德情操提高到理想化的境界，同时也表现出他们的智、鲁、勇不同个性。《水浒传》的语言是以口语为基础的，明快、准确、生动、富有表现力。许多人物语言的个性化，达到了极高的成就。

《水浒传》也对后代产生巨大影响。首先，它对明、清农民起义起着巨大的鼓舞作用，正因为如此，明、清两代政府都严禁此书，足见此书已在民间生了根。其次，在是书影响下，陆续出现了“说唐”系列、“说岳”系列，以及《水浒后传》《杨家将》等一大批英雄传奇小说，塑造出一个个非凡的英雄人物，深受群众喜爱。

吴承恩和浪漫主义的神话小说《西游记》

《西游记》成书，酝酿了700多年，是继《三国演义》《水浒传》后，又一部群众创作和文人创作相结合的作品。作为《西游记》唐僧取经故事，是历史真实事件。唐贞观三年（629年），玄奘不顾禁令，偷越国境，经历百余国，从天竺（印度）取回佛经657部，历时达17载，震动中外。归国后，玄奘奉诏口述所见，由弟子辩机辑成《大唐西域记》。以后弟子慧立、彦琮撰《大唐大慈恩寺三藏法师传》，穿插些神话传说。南宋时，《大唐三藏取经诗话》开始把各种神话与取经故事串起来，出现孙行者形象。到元代，取经故事已成定型。今存元代磁州窑“唐僧取经枕”已有唐僧师徒4人取经形象。元人吴昌龄写出杂剧《西天取经》，元末明初杨讷也写出杂剧《西游记》。吴承恩在上述创作基础上，最后撰成《西游记》小说，共100回。

吴承恩（约1510—约1582），字汝忠，淮安山阳人。自幼喜爱神话故事。科举考试“屡困场屋”，嘉靖时补贡生。嘉靖末隆庆初，任浙江长兴县丞。晚年绝意仕进，专心著述。他的诗作，如《瑞龙歌》《二郎搜山图歌》，借神话传说，表达对当时现实不满。所撰短篇志怪小说《禹鼎志》，寓有鉴戒意味。在哲学思想界突破程朱理学束缚的思潮影响下，其追求艺术独创的精神，在《西游记》里得到充分发挥。

《西游记》结构，可分成3大段。前7回以“大闹天宫”作为故事的开始，突出了全书战斗性主题，把孙悟空形象突出到全书首要地位。第八回至第十二回交代取经缘起，起情节过渡作用。第十三回至第一百回是全书重点，叙述唐僧师徒历经八十一难去西天取经的过程。作者充分发挥想象，人物多半是腾云驾雾的神佛、妖魔，环境多半是神话世界的天庭、地府、龙宫。其实这些幻想恰恰是当时社会的翻版，神佛对妖魔的需要正如朝廷官府必须依靠土豪恶霸，孙悟空抗魔斗争体现了人民反抗黑暗统治的斗争精神，这与“大闹天宫”显然一脉相通。

《西游记》的艺术成就，集中表现在人物形象塑造上，如唐僧坚定虔诚、软弱无能，则体现出封建社会文人缺乏应变能力的弱点；沙和尚勤恳依顺，反映出劳动人民朴实、善良的品质。在各种神魔身上，既有社会化的个性，又有超乎自然的神性，甚至被赋予某些动物性。孙悟空原是齐天大圣，具有72变本领和机智勇敢的叛逆性格，与猴的急躁敏捷融为一体，折射出人民群众敢于斗争、充满乐观的精神；猪八戒原是天蓬元帅，错投猪胎，好吃懒做，眼光短浅，象征着个体小生产者的保守性。同时，作者又结合原形动物的各种特点，把妖魔凶恶本性写得姿态各异。如狮魔一口吞下10万天兵、象精用鼻卷人、老鼠精刁钻狡猾、牛魔王蛮横好斗等等，生动反射出封建社会黑暗势力的种种嘴脸。是书语言有散文、有韵语，汲取了民间说唱和淮安方言口语的精华。

《西游记》问世后，流传极广，影响不小。诸多神奇小说竞相刊行，如《封神演义》《后西游记》《续西游记》《西游记传》《三宝太监西洋记通俗演义》等等，但在人物形象或幻想方面，没有一部能与《西游记》相比。

2. 适应城市生活需要的《金瓶梅》和“三言”

明代中叶以后，城市商业和手工业生产迅速发展，新的市镇兴起，使市民阶层更加壮大起来。为广泛适应民众的精神需求，各种通俗文学艺术日趋繁荣。长篇章回小说《金瓶梅》和短篇白话小说集“三言”“二拍”，仅是其中代表作品。

《金瓶梅》是一部世情的长篇章回小说

本来，《金瓶梅》与《三国演义》《水浒传》《西游记》并称为明代四大奇书，但与前三部不同，《金瓶梅》取材于家庭日常生活，以现实社会所熟悉的人物、事件为小说的主要内容。这部小说是由《水浒传》武松杀嫂故事引申出来的，实际描写的社会生活依然是作家所处的时代风貌。

《金瓶梅》成书在万历年间，作者署名兰陵笑笑生。兰陵县是山东峄县古称，书中大量运用山东口语，足证作者是山东人，真实姓名不可考。全书 100 回，有万历四十五年《金瓶梅词话》和天启年间（1621—1627）《原本金瓶梅》两种版本。全书集中刻画西门庆这个兼有富商、恶霸、官僚身份的晚明社会市侩的典型。他原是中药铺老板，但善于夤缘钻营、巴结权贵，发迹致富称霸全县。他开了几个店铺，结交市井无赖，巧取豪夺，为害一方，并官至山东理刑正千户。他原有一妻二妾，又先后谋取孟玉楼、潘金莲、李瓶儿为妾，并和婢女春梅等发生淫乱关系，淫荡无度，终于纵欲身亡。

《金瓶梅》描写的虽是城市里一个商人兼恶霸、官僚，但由此而演化，上自皇家相府，下至勾栏茶肆，一大批达官贵人、商贾小贩、荡妇娼妓、帮闲俳优、婢仆地痞、三姑六婆等，在书中扮演着各自角色，绘成了一幅背景广阔而又关系复杂的晚明社会生活画卷，从而暴露了西门庆及其周围人物的丑恶形象和当时社会黑暗。不过，书中大量的淫秽描写，严重地损害了其艺术上的美学价值。

《金瓶梅》在艺术上，比较成功地塑造了西门庆、潘金莲等几个主要人物的形象，而且各色人物个性鲜明，写得细致真实，具有多样性、复杂性。另外，虽然全书充满日常生活琐事和细节，但互为因果，形成有机联系。是书语言明快。《金瓶梅》的艺术成就，对后代世俗人情小说（如《玉娇梨》《续金瓶梅》《醒世姻缘传》等）创作影响不小，但总的来说不及《金瓶梅》。而到乾隆时《红楼梦》问世，世态人情小说才有质的飞跃。

“三言”是三部世情的短篇白话小说集

明代短篇小说，与说书技艺有着血缘关系，而宋代是说话艺术繁荣时期，话本数量很多。明代中叶，随着说话艺术衰落，话本已明显脱离了说书人的口头创作，改由文人对话本文字加工，出现了拟话本，这与一般市民阶层的审美趣味和需求，以及文学艺术商品化有着密切关系，因而对短篇小说繁荣起着促进作用。

最早的话本总集《清平山堂话本》，是嘉靖年间洪楩辑印的。天启年间，冯梦龙《喻世明言》《警世通言》《醒世恒言》3部短篇白话小说集（简称“三言”），是在广泛收集宋元话本和明代拟话本基础上，经过编辑加工写成的。每部40篇，共计120篇，其中明代拟话本约有70多篇。

冯梦龙（1574—1646），字犹龙，苏州府长洲县人。酷爱李贽学问，放荡不羁，因而不受程朱理学束缚。科举不得志，57岁时补贡生。崇祯时任寿宁知县，上疏陈述朝政衰败原因。清兵入关后，忧愤而死。平生善诗文，是晚明有进步思想的重要作家。

“三言”内容丰富，以市民生活为主体，描写家常日用、俗人俗事和晚明社会时尚风气。如《杜十娘怒沉百宝箱》《卖油郎独占花魁》《王娇鸾百年长恨》《玉堂春落难逢夫》《金玉奴棒打薄情郎》等，通过爱情故事，描写被压迫的妇女追求幸福生活的愿望，抨击了封建制度对妇女的压迫。如《沈小霞相会出师表》《卢太学诗酒傲王侯》

《灌园叟晚逢仙女》等，描写封建统治阶级内部斗争，揭示了封建官僚阴险残酷的本质，表现了民众对封建统治者罪恶的愤怒谴责。如《施润泽滩阙遇友》《桂员外穷途忏悔》《吴保安弃家赎友》《俞伯牙摔琴哭知音》等，歌颂友谊，斥责背信弃义的行为，说明晚明社会黑暗、风气败坏，而《施润泽滩阙遇友》主人公中出现了两个经营纺织的小手工业者，反映了当时工商业繁荣和市民阶层壮大。

“三言”在艺术上仍保持不少话本特色，但又有自己的特点，如篇幅比话本大大加长，主题思想比较集中，情节更为曲折。如《乔太守乱点鸳鸯谱》等，细节描写和人物内心活动的刻画，更趋于丰富、细腻。“三言”艺术上也有不少缺点，如矛盾冲突不如话本直接、尖锐，语言上文言成分增多，虽然比较流畅，但没有话本鲜明、生动。

“三言”刊行后，模仿“三言”创作的拟话本相继问世。其中影响较大的，是凌蒙初（1580—1644）《初刻拍案惊奇》《二刻拍案惊奇》，简称“二拍”。

二、传奇戏曲

明代传奇戏曲，是以唱南曲为主的戏曲形态，是南戏系统各剧种之总称。当时剧种如昆腔、弋阳腔、青阳腔等，都以演唱传奇剧本为主。著名剧作家有汤显祖。明代传奇戏曲以正德前后划界，分为萎靡和发展两个时期。

1. 杂剧与南戏

本来明代戏曲，主要是杂剧与南戏。而洪武至正德年间（1368—1521），明朝政权稳定，独宗程朱理学，推行八股取士制度，从而桎梏了学者思想，并严重影响到戏曲发展。

《大明律·禁止搬做杂剧律令》为了维护封建偶像尊严，严禁舞台上装扮历代帝王、先圣先贤的形象，鼓励演“神仙道扮及义夫节妇、孝子顺孙”，宣传封建礼教。所以，这个时期尽管有洪武三十一年（1398 年）宁王朱权编杂剧曲谱《太和正音谱》，杂剧仍然流行，出现了不少杂剧作者，但其作品大多取材于神仙释道，宣扬封建礼教，从内容到文辞俱不可取。如所谓爱情戏刘东生《娇红记》、王子一《误入桃源》、贾仲名《铁拐李度金童玉女》，也大多不脱金童玉女落凡、太白金星指点等俗套。至于朱元璋孙子、周王朱有燉《诚斋乐府》，虽音律和谐，但以大量神仙庆寿、美人赏花的戏曲来点缀豪门贵族生活，内容更少可取。北曲杂剧总的发展趋势，是日渐衰微。

这个时期，传奇戏曲剧目有 200 余种，作家有李日华、王济、沈采、苏复之、陈罴斋、沈鲸、姚茂良、丘濬、邵璨等。这些传奇剧目，如《连环记》《千金记》《五伦全备记》《五伦香囊记》《双忠记》等，大都偏重于宣扬忠孝节义、功名利禄、因果报应。如丘濬《五伦全备记》，虚构伍伦全一家忠孝的故事，许多唱词说白充满封建纲常伦理说教，甚至全用《论语》的句子写成。邵璨《五伦香囊记》，不仅宣扬封建礼教，而且开始出现“以时文为南曲”的逆流，在剧中填塞八股文式才情，使艺术和思想内容受到束缚。总之，南曲戏文也处于萎靡不振状态。

然而，与泛滥着“以时文为南曲”的逆流同时，南戏一直在民间流行。如《南西厢》《幽闺记》《古城会》《草庐记》《金貂记》《木梳记》等依然在民间流行，大都爱憎分明、语言质朴。到了成化、弘治年间，由于地域不同，形成了不同的声腔。故徐渭《南词叙录》说：“今唱家称弋阳腔，则出于江西，两京、湖南、闽、广用之；称余姚腔者，出于会稽，常、润、池、太、扬、徐用之；称海盐腔者，嘉、湖、温、台用之。惟昆山腔止行于吴中，流丽悠远，出乎三腔之上，听之最足荡人”。可见在嘉靖以前，南戏的各种声腔已经并存，并且已越出发源地而四处流播，其中以弋阳腔、余姚腔、海盐腔、昆山腔影响最大，这些声腔都具有“剧种”意义。各种声腔流播，促使明代后期传奇戏曲繁荣发展。

2. 南戏与传奇

嘉靖至崇祯年间（1522—1644），自罗钦顺、何瑭、王廷相、吕柟、崔铣辈冲破程朱理学束缚，与阳明心学辩难，从而形成实学思潮伊始，整个学术思想界发生巨变，为传奇戏曲发展扫除了思想上的障碍。与此同时，长江下游地区商品经济繁荣、市民阶层壮大，更直接促进了明代传奇戏曲繁荣发展。

这个时期，传奇戏曲剧目700多种，作家200余人，盛极一时。创作者大多精通曲律，熟悉南方各种曲调，又有文学修养，如李开元、梁辰鱼、张凤翼、王世贞、屠隆、汤显祖、沈璟、卜世臣、梅鼎祚、陈与郊等人。而南戏高潮的到来，与魏良辅改革昆山腔有着直接的关系。

魏良辅（生卒年不详），字尚泉，苏州府昆山县人。熟悉南北曲调，著有阐述昆山腔字、腔、板、眼等练唱技艺的《曲律》。昆山是明代经济发达地区，戏曲演出最盛。嘉靖年间他吸收海盐腔、弋阳腔长处以及江南民歌小调部分精华，并融合部分北曲演唱技巧等艺术成果，对昆山腔进行改造，形成耳目一新的腔调，舒徐婉转，有“水磨腔”之称。它的伴奏乐器，兼用箫管和琵琶、月琴等弦乐，比海盐腔、弋阳腔丰富，不过当时只停留在清唱阶段。后来，音乐造诣很深的梁辰鱼，用经过魏氏改革的昆山腔演唱自己创作的《浣纱记》，将其变成一种戏曲声腔，此即昆曲之始。

自嘉靖、隆庆以来，这种新的昆山腔遂以苏州、太仓为中心，向四方传播，逐渐传布到全国各地，而余姚腔、海盐腔、弋阳腔日趋衰亡。以昆山腔为主体的南戏高潮到来，刺激了传奇戏曲创作的发展，涌现出一大批昆山腔传奇剧作。这时杂剧有所发展，有些剧目受实学思潮影响，如王九思《杜甫游春》、康海《中山狼》等，内容进步，寓意深刻。特别是徐渭杂剧《四声猿》（《狂鼓史》《雌木兰》《女状元》《翠乡梦》），大都表现对当时现实不满，艺术上有创新，对后代有明显影响。著名戏剧家徐渭(1521—1593)，浙江绍兴府人，他多才多艺，诗文、书法、绘画均有较大成就。但是，总的说来杂剧不及南戏，尤其昆山腔日趋成熟，最终取代了杂剧，占据了明代戏曲的主流地位。徐渭《南词叙录》，专门论述南戏的源流和发展，评价作家和作品，并附有宋、元、明南戏作品目录等，正是为了配合这种变化的需要而撰写的。万历年间马骥德撰《曲律》，全面介绍南北曲源流、宫调、作曲和唱法，兼及杂剧、传奇等作品评论，也是为了配合这种变化的需要。这一时期，不少地方剧种，如潮剧、琼剧、越调、豫剧、秦腔、徽剧、绍剧等也呈发展势头。

总之，自万历至崇祯时期，传奇戏曲进入了黄金时期。此时南戏剧本结构更加精密，曲调组织更加规范，剧本内容广泛，风格多样，并一改明代前期戏曲创作宣扬封建礼教的风气，出现了许多描写与现实时事有关的戏，即使是描写爱情的戏，也往往把爱情与时事结合起来。另外，也有反映个性要求，批判封建礼教的南戏出现，表现了思想上的进步倾向。在艺术上，南戏也出现了一些重要的流派。

3. 传奇戏曲创作三大流派

明代后期，传奇戏曲创作出现三大流派，即昆山派、吴江派和临川派。

昆山派代表人物是梁辰鱼。梁辰鱼（1519—1591），字伯龙，苏州府昆山县人。平生慷慨任侠，轻视科举考试，熟悉戏曲音律，足迹遍至吴楚间。邑人魏良辅对昆山腔整理加工，遂创作了以昆山腔演唱的《浣纱记》。是剧通过西施、范蠡的悲欢离合，演出吴越两国兴亡，着力批判听信谗言、不纳忠谏的吴王夫差和贪婪受贿、左右皇帝的权相伯嚭，显然是对嘉靖时权臣专政、政治腐败进行暴露和抨击。这个传奇戏的演出，对昆山腔的传布起了很大作用。类似的主题，还有《鸣凤记》，这个传奇剧本据传为王世贞门人所作，有说为王世贞本人作品。此剧描写以夏言、杨继盛为首朝臣，同严嵩斗争均受迫害，最后以严嵩父子罪状被揭发并受到制裁为结束。此剧反映当时的时事，打破了传奇戏剧以生旦悲欢离合为主的风气。这是其主要艺术成就。这两部戏，在明代都很流行。另外，这一派郑若庸《玉玦记》写王商同妻子悲欢离合之事，宣扬人间真情；张凤翼《红拂记》取材唐传奇小说《虬髯客传》，写李靖与红拂女遇合、虬髯客倾家帮助李靖并插入徐德言和乐昌公主“破镜重圆”的传说，这对倭寇屡犯东南、鞑靼攻袭北方、国家出现深刻危机的嘉靖时代，有一定的现实教育意义。这一派代表人物有梁辰鱼、郑若庸、屠隆、张凤翼等，其剧本主要特点是追求文辞典雅，连对白也写得像骈文，影响了人物形象的鲜明和生动。

吴江派代表人物是沈璟。沈璟（1553—1610），字伯英，苏州府吴江县人。万历年间进士，官至光禄寺丞。罢官归家后，放情词曲，精研曲律，并在家里养了一个戏班子，对传奇戏曲发展有一定贡献。所编传奇剧本 17 种，现存的有《红蕖记》《义侠记》《博笑记》等七八种。如《红蕖记》取材唐代传奇《郑德璘传》，演书生郑德璘、崔希周和盐商女儿韦楚云、曾丽玉在洞庭湖边停舟相遇，以红蕖、红绡、红笺等互相题赠，辗转各成夫妇，颂扬了对自由爱情的追求，反映了市民阶层的个性要求。又如《博笑记》包括 10 个小戏，其中《乜县丞》写糊涂而马虎的地方官吏，《假和尚》揭露恶和尚的狠毒，《贼救人》写结义兄弟为争财相杀，均是晚明社会风气败坏的真实写照，有一定的现实意义。这一派作家，有顾大典、吕天成、卜世臣、叶宪祖、沈自晋等人。他们重视音律，主张作曲应以合律为第一义，并对音律提出了严格要求，把传奇格律定型。沈璟为此还订定《南九宫十三调曲谱》。但过分强调音律，必然使内容有所约束，而影响到其创作水平发挥，故这一派剧作往往平板无味。

临川派代表人物是汤显祖。汤显祖（1550—1616），字若士，江西抚州府临川县人。少善属文，有时名，不阿附权贵。万历十一年进士，官礼部主事。万历十九年（1591年）上疏弹劾大学士申时行，遂贬官广东雷州府徐闻县典史，稍迁浙江遂昌知县。在任时，他因关心民间疾苦、不依附权贵而遭刁难。万历二十六年汤显祖弃官归里，怀着满腔悲愤，在这一年完成了他的代表作《牡丹亭》。《牡丹亭》即《还魂记》，也称《还魂梦》或《牡丹亭梦》。是剧通过杜丽娘、柳梦梅生死离合的奇异情节，概括当时青年争取自由爱情的斗争的艰苦性，揭露和抨击封建礼教对青年一代追求幸福、要求个性解放的扼杀，在思想上和艺术上都取得了杰出的成就，闪烁着时代精神。汤显祖在政治、思想上与当时顺应实学思潮发展的学者顾宪成、高攀龙、邹元标是相通的，所以他取得这些成就绝非偶然。另外，汤显祖还写了《紫箫记》《紫钗记》《邯郸记》《南柯记》，后3种与《牡丹亭》合称"临川四梦"。在艺术风格上，他反对吴江派过分强调音律。如他给吕姜山信中说，"按字摸声，即有窒滞迸拽之苦，恐不能成句矣"，主张戏曲创作"以意、趣、神、色为主，四者到时，或有丽词俊音可用，尔时能一一顾九宫四声否？"因而，他的剧作人物心理刻画细腻，曲词优美，也有突破南北曲旧格律之处，对当时和后来的戏曲发展有很大的影响。如明末，周朝俊在《牡丹亭》影响下作《红梅记》，描写侍妾李慧娘命丧贾似道剑下后，李慧娘鬼魂大闹贾府，血淋淋地揭露了封建势力的凶残，赞扬了受压迫者的反抗精神，即是一例。

三、朱载堉创立十二平均律

明代中期随着商品经济繁荣，音乐艺术也得到了发展，尤其是民间歌曲得到了广泛流传，产生十番锣鼓等一批著名器乐。但是传统的音律学都是不平均律，声和律的矛盾，给各种乐器合奏造成许多困难。而这个关系到音乐艺术大发展的理论上的难题，是由朱载堉解决的。

朱载堉（1536—1611），生于河南怀庆府城内郑王府，字伯勤。其父厚烷乃明仁宗五世孙，嘉靖时袭封郑王。载堉从小就受其外舅祖实学名家何瑭的影响，喜欢音乐、数学、历法。嘉靖三十九年（1560 年），朱载堉撰成《瑟谱》，乐律学研究逐渐进入高潮。约至万历二十年（1592 年），朱载堉陆续写成《律历融通》《乐学新说》《算学新说》《律学新说》《律吕精义》《旋宫合乐谱》《乡饮诗乐谱》《六代小舞谱》《小舞乡乐谱》《二佾缀兆图》《灵星小舞谱》《圣寿万年历》《万年历备考》等。其中，除乐谱、舞谱、乐器源流考、注释《乐经》的著作，《律历融通》《圣寿万年历》《万年历备考》是天文历法力作，《律学新说》《律吕精义》《算学新说》是涉及数学、珠算、计量学的多学科性的音律学巨作，而《律学新说》《律吕精义》详细论述有关十二平均律定义和计算内容。上述诸书，除

《瑟谱》外，均于万历三十四年（1606 年）汇成一书，名谓《乐律全书》。万历三十八年（1610 年），朱载堉相继撰成《律吕正论》《律吕质疑辨惑》《嘉量算经》等书，并为精通数学、主张改革历法的邢云路所著《古今律历考》撰写序文。朱载堉卒于万历三十九年（1611 年），明神宗赠谥“端清”。应该指出，何瑭是正德、嘉靖实学思潮名家，精通音律学，而朱载堉平生再三研读何瑭《乐律管见》，深受启发。毫无疑问，朱载堉学术成就是顺应实学思潮发展的产物，而《四库全书总目》中《柏斋集》提要说，载堉“律数之学，皆受之于瑭者也”，是完全正确的。

创立十二平均律，是朱载堉最辉煌的学术成就。古代乐律，用三分损益法将 1 个八度分为 12 个不完全相等的半音的律，各律从低到高依次为黄钟、大吕、太簇、夹钟、姑洗、仲吕、蕤宾、林钟、夷则、南吕、无射、应钟，其中奇数黄钟、太簇等各律称“六律”，偶数大吕、夹钟等各律称“六吕”，简称“律吕”，此即十二律。但这种传统的律制都是不平均律，所得出的 12 个音的音程大小不同，并且各个律大半和起始音不处在同 1 个八度之内，存在着声和律的矛盾，乐器演奏不能自由旋宫转调，给各种乐器合奏带来许多困难。朱载堉《律学新说》《律吕精义》《算学新说》开创性地提出“新法密率”（即十二平均律），解决了这个难题。他首先以弦线长度的比例确定八度音高的比值，以弦长作为开方计算对象，得出弦长与发音频率成反比的关系。他通过计算，得出两个相距为八度的律弦长比值为 2∶1，其音高数值为 2。他又经过计算，找到相邻两个律之间的音程值 2 的 12 次方根即 $\sqrt[12]{2}$，即 1.059 463……这个值就是半音，传统的说法称为应钟律数。然后，将八度值 2 连续除以应钟值，累除 12 次，得出平均律中八度内相邻两音为半音的 12 个音的音高，从而实现旋宫转调，建立了十二平均律。这是朱载堉在世界文化艺术史上的杰出贡献。但是，明神宗对它未能给予重视。入清后，乾隆时代还为它罗织“十大罪状”，斥之为“臆说”。事实上，它当即被传播到西方，引起欧洲音乐界的强烈反响。

当时精心研究天文历法并对中国音乐有兴趣的欧洲传教士，诸如庞迪峩、熊三拔、龙华民、金尼阁，先后来华。精通音律、天文历法的邢云路与朱载堉有来往，自然知道十二平均律，而万历三十八年邢云路被调至京师参与历事，并参订修改徐光启、李之藻、庞迪峩、熊三拔同译西洋历法，使邢云路有机会将十二平均律学术信悉首先告诉徐光启等人和这些传教士。金尼阁当然得到了这个信息，并于万历四十一年返回欧洲。金尼阁将这个信息首先传播到了欧洲。因而，1636 年法国的默森在朱载堉理论启示下写成《和谐宇宙》，做出和朱载堉完全一样的数学公式，他使 12 个半音中每相邻 2 个半音的频率比为 1.059 46，即 $\sqrt[12]{2}$，十二平均律开始真正影响到欧洲音乐界。这种影响，直到18世纪前半叶，德国作曲家巴赫创作《平均律钢琴曲集》，以艺术实践证明了十二平均律的合理性和优越性，使巴赫钢琴曲成了划时代的经典作品，而十二平均律才被人们普遍接受。

尽管朱载堉十二平均律不为明清统治者重视，然而朱载堉的成就仍然推动着当时音乐艺术的发展。如明亡后有安南、日本双重国籍的闽人魏之琰，受到朱载堉影响，精通乐曲，重视乐器演奏技法，康熙十一年（1672年）定居长崎后演奏明代音乐，有“明清乐祖”之称，其后人传下来《魏氏乐谱》《魏氏乐器图》就是例证。

四、绘画与书法艺术

明代随着政治稳定和经济发展，绘画艺术有了全面发展，而书法比较普及，尤以草书、楷书成就较大。

1. 绘画艺术成就

有明一代，宫廷内外画派繁杂，画家众多，山水、人物、花鸟各种画科全面发展。前期以宫廷画家为主，中期以后则以民间画家占据主流地位。

明朝建立后，虽然没有正式设置专门的画院机构，但实际是受到宋代宫廷画院影响，故随时征召各地著名画家入宫，使宫廷绘画发展起来。洪武年间，明太祖征召徐贲、赵原等元末明初著名画家入宫绘画，不过绘画一味迎合朱元璋所好，缺乏创新。直到宣德、成化、弘治年间，宫廷绘画进入兴盛时期，如明宣宗时宫廷里集中了孙隆、谢环、李在、商喜、戴进等一批著名的画家。孙隆擅长画梅花禽鱼草虫，传世名作有《芙蓉游鹅图》《雪禽梅竹图》《花鸟草虫图卷》等。谢环以山水人物画见长，所作《杏园雅集图》描绘几个内阁宰辅在杏园内聚会情景，人物与园景细致逼真，成为当时人物山水画代表作。李在的山水画，笔法劲健豪放，具有工细和粗笔两种画法。商喜擅长山水、人物、花卉、走兽，其传世作品有《明宣宗行乐图》，描写明宣宗游猎情景，画面结构繁复，景物绚丽优雅，人物形象具有肖像画特征。戴进作有《秋江独钓图》，后来出宫创建浙派山水画。明英宗、宪宗、孝宗也都召画家入宫，如林良《山茶白羽图》等都是传世佳作。明武宗正德以后，明代宫廷画派创作渐趋消沉。及至嘉靖、万历以后，朝政腐败，危机四起，宫廷绘画随之衰微。

明代山水画的主要成就，前期主要集中表现在以浙人戴进、王谔为代表的“浙派”和湖广吴伟为代表的“江夏派”，后期主要集中表现在以沈周、文徵明、唐寅、仇英四人为代表的“吴派”。“浙派”宗法宋代马远、夏圭等人传统，形成自己粗犷豪放风格。吴伟山水画深受戴进影响，“江夏派”实际是“浙派”之支流，张路、蒋嵩等人都步其后尘，不过画风过分轻狂放任，不免流于草率。

“吴派”则追溯元代画家意趣，使山水画趋于精致完善，成就及影响较大。“吴门四家”都是苏州府人，人们称他们为“明四家”，是因为他们的成就代表了明代绘画的主流。沈周（1427—1509）为吴门画派创始者，他在多方继承前人基础上自成一格，长于各种技法与各类题材，而主要成就表现在水墨山水画。他的作品多描绘江南胜景，笔墨苍劲结实，简洁含蓄，意韵兼胜，《青园图卷》为其代表作。文徵明（1470—1559）及唐寅（1470—1523）均出自沈周门下，文徵明发展了沈周笔墨中雅致清淡的一面，《江南春图》《古木寒泉图》等为其代表作；唐寅则结合工整缜密的宋画风格而发挥了沈周秀润流丽的一面，《山路松声图》《落霞孤鹜图》为其传世佳作。仇英生卒年不详，出身工匠，能博采众家之长，所绘青绿山水，色调淡雅清丽，《桃源仙境图》《莲溪渔隐图》为其传世佳作。继“吴派”之后当推华亭董其昌（1555—1636），他开创“松江派”，画趣古雅，笔墨秀润，是明代后期山水画的集大成者，《秋兴八景图》为其传世佳作。另外，他在书画理论上也极有贡献。

明代人物画，前期则以谢环、商喜、戴进、吴伟、郭诩等人为代表，他们或仿宋代宫廷画院传统，工笔细密，设色浓艳，如谢环《杏园雅集图》、商喜《明宣宗行乐图》、戴进《达摩至慧能六代像》和《秋江独钓图》及图中红衣人垂钓等；或习李公麟的白描画风，淡墨轻毫，不施粉黛，如吴伟（1459—1508）《铁笛图》《问津图》等。不过以成就而论，明代后期唐寅、仇英、陈洪绶、曾鲸等人贡献最大。唐寅画技全面，行笔于秀润缜密中透出潇洒清逸的韵度，自成一派，《王蜀宫妓图》《秋风纨扇图》都是其得意代表作。晚明陈洪绶（1598—1652）为了适应时代审美需求，以奇特的造型、古雅的笔法、新奇的构图，使人物画富于装饰情趣。其传世名作有《升庵簪花图》《饮酒读书图》等。曾鲸（1568—1650）以画肖像著称，他的画技重墨骨，设淡彩，以墨烘染数十层，使人物形象具有体量感，妙得传神，咄咄逼真，《张卿子像》《王时敏像》《葛一龙像》均是其代表作。当时，其画法风行一时，标志着传统的肖像画已经进入了成熟的阶段。

明代花鸟画取得了令人瞩目的进步。前期以宫廷画家孙隆、林良为代表，孙隆擅长画梅花禽鱼草虫，摄物不加勾勒，运用色彩烘染，状物周密，水墨湿润，自成一家，传世的名作前已述及。林良（约1416—约1480）尤善作鹰鹘，并多以水墨渲染，作品清澹而笔下生风，为写意花鸟画的诞生做了必要的铺垫。正德时，韩昂说他的画“着色花果翎毛，皆极精巧”，“放笔作水墨禽鸟，遒劲如草书”。《灌木集禽图》《秋林集禽图》是其水墨写意的精品。陈淳与徐渭是明代后期重要的花鸟画家，他们在笔墨上又有新的演变。陈淳（1483—1544），苏州府长洲县人，擅淡彩与水墨交融，生动逼真，极有韵味。其传世作品有

《洛阳牡丹图》《墨花钓艇图》等。特别是徐渭的水墨写意花鸟，大有千古一人之概。徐渭因坎坷的个人经历和受实学思潮的影响，绘画笔墨狂放不羁，追求新颖奇特，反对因袭前人的“鸟学人言”之做法，着意于气韵的体现与胸襟的抒发。因而他的画具有走笔如飞、泼墨淋漓而直指胸臆的特色，其山水、树木、人物、花鸟无所不能，尤以写意花鸟画成就最为突出，不但将中国写意花鸟画推至抒发胸襟的新境界，而且充分发挥笔墨纸张特殊效果，实际是创立了水墨大写意画法。“扬州八怪”之一郑燮和现代书画大师齐白石，都愿做“青藤门下一走狗”，足见徐渭的成就对后代画坛产生了很大的影响。其代表作有《杂花图卷》《牡丹蕉石图》《山水人物花卉册》等。

2. 书法艺术

明代科举教育发达，凡生员都能写字，科举考试字必须写得工整，而且历朝帝王大都酷爱书法，一般文人书法颇为可观，所以明代书法比较普及，并且出现了书法艺术繁荣局面。

明初书法艺术以宋克、宋璲、宋广最为著名，其中又以宋克成就最高。宋克（1327—1387），字仲温，苏州府长洲县人，乃章草大家。本来章草绝于晚唐，而宋克振其绪，墨书汉代史游《急就章》，笔法精绝。他还墨书唐代张怀瓘《论用笔十法》，乃真行、章草、草书相间，实开明代真、草书法艺术风气。稍后由于朝廷典册要求统一书写规格，特别是《永乐大典》誊写要求极严，于是便形成了“馆阁体”的楷书，沈度是其主要代表。沈度（1357—1434），松江府华亭县人，与弟沈粲合称“二沈”，精于楷书。朝廷金版玉册、制诰等多出其手笔，字体十分工稳，成为流行于馆阁、中书间书写文件的范本。

明代中期，许多书画家集中在苏州、浙江一带，这一地区经济发达，在突破程朱理学束缚的实学思潮兴起的影响下，他们也突破“千字一同”的“馆阁体”，创造新的书法风格，是书法艺术兴盛时期。沈周、祝允明、文徵明、王宠等人最著名。沈周，行书、楷书书体严整，笔法沉稳，风格浑厚。传世的行书《五律诗》，为其中年时期的风格；《咏葡诗》、自书《落花诗》，书法苍秀，是其晚年行书的精品。祝允明（1460—1526），苏州府长洲县人，能写恭谨的楷书，但亦有许多草书使用偏锋，形迹放肆，有惊世骇俗之感。他与文徵明、王宠并称“吴中三大家”，一时有“天下书法皆归吴中”之语。他的主要作品有《七言律诗》《闲居秋日诗》等。文徵明善写篆、隶、楷、行、草各体，尤精小楷，笔锋挺秀，温淳精纯。传世佳作楷书有《上吴愈尺牍》，小楷书有《苏东坡自书赤壁赋真迹跋》，行书有《南窗记》等。王宠（1494—1533），精小楷，尤善行书、草书，以拙取巧，疏岩遒逸。传世作品有楷书《晋唐小楷》、草书《李白古风诗》《五律诗》等。

明代晚期书法艺术，以董其昌、邢侗、张瑞图、米万钟四人最著名，而以董其昌影响最大。董其昌（1555—1636），松江府华亭人，书法广临古人，融合变化，自成一体，成就很高。传世作品以行书最多，次草书，次楷书，小楷书比较少见，《王维五言诗》《白居易池上篇》《岳阳楼记》《三世诰命》《月赋》等为其代表作。邢侗（1551—1612），临邑人。善行、草，笔力矫健，古朴圆浑，与董其昌齐名。传世作品有行书《五律诗》、草书《信札轴》。张瑞图（1570—1641），福建晋江人，擅长行、草。用笔多拙重，转折拗峭，棱角分明，形成独特风格。传世作品有行草《五律诗》《前后赤壁赋》、草书长卷《感辽事作》等。米万钟（1570—1628），关中人，入籍顺天府宛平，擅长行、草，用笔浑厚有力，与董其昌齐名，时称“南董北米”。传世作品有《草书诗》、行草《刘景孟八十寿诗》等。此外，黄道周、王铎的成就和影响亦较突出。黄道周（1585—1646），福建漳州人，擅写古体草书，用笔峭厉圆浑，紧劲连绵，自为一体。楷书亦带隶体，笔画凝重，方劲峭厉，别具风格。王铎（1592—1652），河南孟津人，精行、草。行书凝迟沉重，草书枯浓并用，怪伟跌宕，最成熟的时期已入清代。现存《杜甫诗卷》是其狂草代表作。

五、少数民族地区艺术绚烂多彩

蒙古族地区。艺术发展显著，出现大量作品，包括英雄史诗、抒情诗、叙事诗和小说等。《江格尔》是蒙古英雄史诗的代表作，描写以江格尔为首的6012名勇士，为保卫家园与来犯的敌人展开英勇斗争的故事。这部史诗艺术上具有游牧民族说唱特点，内容上反映了蒙古社会生活的各个方面，成为研究蒙古族文学、历史、艺术、民俗和语言的珍贵资料，并被视为世界著名史诗之一。著名小说《乌巴什洪台吉》，描写一个7岁的贫苦牧童与喀尔喀封建主乌巴什洪台吉的斗争，揭露封建主的贪婪和残暴，歌颂了牧童机智勇敢和坚贞不屈的英雄气概。绘画艺术也有突出成就，如万历八年（1580年）俺答汗献给明神宗的《贡马图卷》，艺术价值极高。

藏族地区。艺术也有发展，出现大量作品。其中以桑吉坚赞《米拉日巴传》最负盛名。这部传记文学成书于弘治元年（1488年），以问答形式引出噶举派第二代祖师米拉日巴一生经历，展现十一二世纪战乱不断、纷争不息的藏族社会生活。该书采用散文体裁，穿插一些歌词，语言流畅，生动活泼，在藏区广泛流传。另外，藏戏形成于明代初期。汤东结布（1385—1464）为募集建桥资金，曾邀请一户7姊妹到各地演出。演出时6人分别扮演猎人、王子、仙女，一人击钹伴奏，并融合一些佛教故事和民间故事的内容，形成了最初的藏戏。藏戏的演出，将歌、乐、舞融合在一起，至今藏戏艺人仍奉汤东结布为祖师。

维吾尔族地区。在东察哈台汗国时期，涌现了赛卡克、鲁特菲、纳瓦依等一批著名诗人，如纳瓦依受赛卡克、鲁特菲影响创作《五部诗集》《四部诗集》等，享有很高的声誉。民间文学《阿凡提的故事》就是在这一时期形成的。叶尔羌时期，统治者萨亦德汗、拉失德汗等都喜欢写诗，并对音乐舞蹈的发展起了很大的推动作用。如《十二木卡姆》整理和定型，是叶尔羌汗国音乐舞蹈的重要成果。

回族地区。艺术方面突出的成就，是涌现出一批颇有影响的诗人和文学家，如丁鹤年、海瑞、李贽等。丁鹤年是明初回族诗歌创作成就最大的诗人。海瑞为官清正不阿，主张诗文创作应弃陈词滥调、抄袭模仿，反对歌功颂德、阿谀奉承。李贽散文充满新颖的见解，特别是首开评点《水浒传》《三国演义》《琵琶记》《西厢记》《拜月记》，有力地推动了我国小说戏曲的发展。在书画方面，丁鹤年、马子英善于画梅，丁锡精于山水，女诗人马守贞善于画兰，海瑞、李贽擅长书法，在当时书画界均有影响。

满族地区。创制本族文字，是女真文化艺术发展的重要标志。明初女真各部，使用金代创制的女真文字。明代中期，女真文字已经逐渐为蒙古文字和汉字所取代，使女真各部在实际运用中产生了语言与文字的矛盾。于是万历二十七年，努尔哈赤命额尔德尼与噶盖创制满文，即老满文。皇太极于天聪六年（崇祯五年）命达海改进老满文，也称新满文。满文的创制，对满族形成和文化艺术发展产生了积极的作用。

南方少数民族地区。以民间文学最盛。包括神话传说、故事、史诗、寓言、谚语等，以口头文学形式广泛传播。彝、傣等民族有自己的文字。如彝文已经得到广泛的应用，成为记载历史、文学、医学和进行交际的重要工具。如嘉靖十三年（1534 年）云南禄功、武定一带凤氏土司立的《凤诏碑》，是用彝文镌刻的。苗、傣、黎、壮、瑶等族能歌善舞，民歌声调丰富，乐器品种繁多，舞蹈形式多样。如壮族民歌根据流行地区不同称“壮歌”“佷歌”，两者格式、体例、结构一致，分五言四句、七言四句与不定式句 3 种。张祥诃《粤西偶记》述当时民歌传唱盛况说：“佷人为歌，五言八句，唱时叠作十二句。多用古韵，平仄互押，或隔越跳叶，曲折宛（婉）转，喃喃呢呢。”

第六章　风　俗

明代风俗，既有历代相习的传承性，又有自身的创造性，而且又是随着明代社会经济发展和社会生活内容丰富而发展变化的。总体讲以正德为界，整个社会风俗发生了重大变化。如崔铣《漫记》说，“成化中，风俗俭朴。先君（崔升）为司马郎，铣时十岁，尚记先君赁屋……弘治中，官颇治屋。然西涯（李东阳）阁老宅，尹天官（尹旻）故第”云云，这从一个侧面反映了明代社会生活逐渐变化的情况。

一、明代风俗变化以正德为界

朱元璋出身于贫苦农民，目睹元末政治腐败官吏贪污种种弊政，故称帝后提倡节俭，并用严刑峻法惩治贪贿，客观上有利于明代前期社会经济的恢复和发展。当时，“上供之物，俱有定数，节俭之风，流播至今”。从总体来说，正德以前，臣民遵制循规，贵贱尊卑有别，社会风俗俭朴无华。

陆容《菽园杂记》记载，“洪武、永乐间，大臣无乘轿者”，均乘马，“乘轿始于宣德间，成化间始有禁例。文职三品以上得乘轿，四品以下乘马”。是书还记载说，“京师惟六部十三道等官，饮酒多至夜，盖散衙时才得赴席，势不容不夜饮也”，但是夜间无灯非常不便。此事引起明孝宗朱祐樘关注。据何良俊《四友斋丛说》记载，明孝宗说：“各衙门差使缺人，若是夜间饮酒，骑马醉归，那讨灯烛？今后各官饮酒回家，逐铺皆要笼灯传送”。这表明当时各衙门官员乘轿者不多，随从也不多，明孝宗改夜间由铺司责令铺兵传送灯笼，仍然保持着俭朴无华风气。《四友斋丛说》还记载，明初时“乡官虽见任回家，只是步行”，到成化年间“士夫始骑马”，“至弘治、正德间，皆乘轿矣”。是书还记载成化、弘治以前，“士大夫，尚未积聚。如周北野佩，其父舆，为翰林编修，北野官至郎中，两世通显，而其家到底只如寒士。曹定庵时中，其兄九峰时和举进士，有文章。定庵官至宪副，弟时信亦京朝官，与李文正结社赋诗，门阀甚高。其业不过中人十家之产。他如蒋给事性中、夏宪副寅、许佥宪璘，致仕家居，犹不异秀才时”，但是“至正德间，诸公竞营产谋利，一时如宋大参恺、苏御史恩、蒋主事凯、陶员外骥、吴主事哲，皆积至十余万，自以为子孙数百年之业矣”。

正德以后，随着商品经济进一步发展，城市繁荣，商业发展，更刺激了皇帝贪婪的欲望，臣民僭越传统规制、追求奢靡，“散敦朴之风，成侈靡之俗”，是明代中后期社会风俗的特点。

本来依照皇明祖训，内府禁密之区不能建造寺庙离宫别殿，而明武宗朱厚照怠荒政事，在西苑营造豹房宫殿、佛寺、内教场，嬉游无度；明世宗朱厚熜不视朝事，专意斋醮，营缮仁寿宫、玉德殿、西苑宫殿等等工役最繁；明神宗朱翊钧贪财好货，生活奢侈糜烂，这些皇帝影响极其恶劣。正如张瀚《松窗梦语》说，“近代劳民者莫如营作宫室，精工玩好”，“广厦细旃之上，不闻俭朴而闻奢靡；深宫邃密之内，不闻节省而闻浪费”，“九重贵壮丽，则下趋营建；尚方侈服御，则下趋组绘；法宫珍奇异，则下趋雕刻。上有好者，下必甚焉”，“今也，散敦朴之风，成侈靡之俗”，从宫廷、官员到民间奢靡成风。

陈洪谟《治世余闻》记载，正德年间南京守备太监刘瑯“贪婪益甚，资积既厚，于私第建玉皇阁，延方外以讲炉火。有术士知其信神异也，每事称帝命以动之，饕其财无数。瑯有玉绦环，值价百镒，术士绐令献于玉皇，因遂窃之而出。或为诗笑曰：‘堆金积玉已如山，又向仙门学炼丹。空里得来空里去，玉皇元不系绦环’”。

何良俊《四友斋丛说》记载，隆庆万历交替之际，江南经济发达地区“举人无不乘轿者矣”，并引上海董宜阳的话说，“举人乘轿，盖自张德瑜始也，方其初中回，因病不能看人，遂乘轿以行。众人因之，尽乘轿矣”。是书还记载，“今监生无不乘轿矣。大率秀才以十分言之，有三分乘轿者矣。其新进学秀才乘轿，则自隆庆四年始也，盖因诸人皆士夫子弟，或有力之家故也”。

据《四友斋丛说》记载，当时官员缙绅中形成“喜多带仆从”风气，并引沈小可的话说，“我一日请四个朋友吃晚饭，总带家童二十人。坐至深夜，不得不与些酒饭。其费多于请主人”。何良俊自己就见到“一举人，轿边随从约有二十余人，皆穿新青布衣，甚是赫奕”，而首辅徐阶“轿边多不过十人”。是书还记载，南京各衙门官员“客至供茶，皆用瓷瓯；其宴客行酒，亦只是瓦盏”，但有的官员“供茶用银镶瓯，行酒用银杯盘”，此风扩及民间。据何良俊说，他曾经探访嘉兴一位友人，“见其家设客，用银水火炉金滴嗉。是日客有二十余人，每客皆金台盘一副，是双螭虎大金杯，每副约有十五六两。留宿斋中，次早用梅花银沙锣洗面。其帷帐衾裯皆锦绮。余终夕不能交睫。此是所目击者，闻其家亦有金香炉。此其富可甲于江南，而僭侈之极，几于不逊矣”。

民间风俗，大都江南侈于江北，而江南名郡苏州、杭州并称，其中苏州俗习奢华。弘治时杭州，据《菽园杂记》记载，“杭俗之俭朴愈于苏也”，湖州、严州、绍兴、台州，“其俗勤俭，又皆愈于杭矣”。而到万历年间，据王士性《广志绎》说，“杭俗儇巧繁华，恶拘检而乐游旷”，

"浙十一郡惟湖（州）最富，盖嘉（兴）、湖（州）泽国，商贾舟航易通各省"；张瀚《松窗梦语》说，"吾杭终有宋余风，迨今侈靡日甚"，"服食器用月异而岁不同"，"毋论富家贵介，纨绮相望，即贫乏者，强饰华丽，扬扬矜诩，为富贵容"，"人情以放荡为快，世风以侈靡相高，虽逾制犯禁，不知忌也"，反映出正德始杭州民间风俗随着商品经济发展而发生剧烈变化。

二、明代服饰

明朝建立后，废除了元朝服制，并根据汉族传统的习俗，对服饰制度进行了改革，但晚明官员、民间服饰有所变化。同时，少数民族服饰都各有自己民族的特色。

1. 汉族服饰

洪武元年，明太祖朱元璋"诏衣冠如唐制"，即依据周、秦、汉、唐、宋各代规定，首先制定皇帝礼服。祭天地、宗庙，服衮冕。至于祀社稷等一般性祭祀，则服通天冠，绛纱袍，其余一概不用。服衮冕原本来自周制，通天冠秦汉时有之，但明代通天冠则承袭唐制。

洪武三年，明代服饰初步定型，主要有皇帝冕服、常服，皇后冠服、常服，皇妃、皇嫔及内命妇冠服，皇太子冠服、常服，皇太子妃冠服、常服，文武官公服、朝服，士人、庶人巾服，士庶妻冠服。洪武二十六年，又进行一次大规模调整，明代许多主要服饰都是在这次确定的。君主专制制度的强化，使君臣士庶的服饰规制，比历代都更加严格。皇帝服装，有冕服、通天冠服、皮弁服、武弁服、常服、燕弁服等。正旦、冬至、圣节、祭社稷时冕服。冕，前圆后方，玄表纁里，前后各垂 12 旒。衣用玄色，裳用黄色，施日、月、星辰、山、龙、华虫 6 章纹织于衣，宗彝、藻、火、粉米、黼、黻 6 章纹绣于裳。另有大带、蔽膝、玉革带、玉佩及大绶、小绶等，足穿金饰黄袜、黄鞋。遇郊庙、省牲、皇太子诸王冠婚、醮戒时通天冠服。冠上加金博山、蝉、首施珠翠等装饰。衣用绛纱袍，白纱内单，绛纱蔽膝，项间悬挂方心曲领。革带、玉佩、组绶一应俱全。足穿白袜赤鞋。凡朔望视朝、降诏、降香、进表、四夷朝贡、外官朝觐、策士传胪时皮弁服。皮弁用乌纱冒之，顶尖，前后各 12 缝，每缝缀五彩玉 12 颗。衣用绛纱制之，蔽膝、大带、玉佩、革带一应俱全。足穿白袜黑鞋。非礼节性场合，则常服。即头上戴乌纱折角向上巾，身上穿黄色盘领窄袖袍，腰间束金玉琥珀带，足穿皮靴。寓深宫独处，则燕弁服。弁匡如皮弁之制，冒以乌纱，分 12 瓣，各以金线压之，前饰五彩玉云各一，后列四山，朱绦为组缨，双玉簪。衣用玄色，边缘青色，两肩绣日月，前盘圆龙一，后盘方龙二，边加龙文八十一，领与两袪共龙文五九。衽同前后齐，共龙文四九。衬衣色黄。袂圆祛方，下齐负绳及踝12幅。素带，朱里青表，绿缘边，腰围饰以玉龙九。足穿白袜，黑鞋朱缘红缨黄结。皇后遇受封、谒庙、朝会，则礼服。其冠饰翠龙九，金凤四，其中一龙衔一大珠，并有金花玉翠等饰物。翟衣，深青色，织翟文十二。红领褾襈裙，织金云龙文。蔽膝随衣色。玉革带、大带、组绶、玉佩等一应俱全。

文武官员服装，有朝服、祭服、公服、常服。凡大祀、庆成、正旦、冬至、圣节及颁诏、开读、进表等，则穿朝服。即头戴梁冠，身穿赤罗衣。另有大带赤、白二色绢，以及革带、佩绶。足穿白袜黑鞋。一品至九品，只以冠上梁数由多至少和革带、佩带等差区别。凡遇陪祀郊庙、社稷，则祭服。一品至九品，身穿青罗衣，白纱中单，俱皂领缘。赤罗裳，皂缘。其冠带、佩绶等差，并同朝服。每日早晚朝奏事及待班、谢恩等，则公服。各地方文武官员，每日公座亦服公服。即穿袍，其制为盘领右衽，袖宽三尺。材料用纻丝，或用纱罗绢。其颜色，一品至四品，绯袍；五品至七品，青袍；八品至九品，绿袍。所织纹样，一品，大独科花，径五寸；二品，小独科花，径三寸；三品，散答花，无枝叶，径二寸；四品、五品，小杂花纹，径一寸五分；六品、七品，小杂花，径一寸；八品以下无花纹。腰带，一品玉，或花或素；二品犀；三品、四品金荔枝；五品以下乌角。足穿黑靴。凡常朝视事，含在本官署内办公，均穿常服。常服冠为乌纱帽，是由唐代幞头演变而来的一种圆顶官帽。乌纱帽通常用铁丝编成框架，然后用乌纱覆盖，并在左右各插一翅。戴乌纱帽时，一般穿团领衫，腰束革带，实际亦是公服。其腰带，一品玉，二品花犀，三品金钑花，四品素金，五品银钑花，六品、七品素银，八品、九品乌角。凡被革职者，其服装与庶人同。命妇礼冠有花钗、珠翠或金翟，礼服是霞帔。如洪武四年（1371年）规定：命妇一品，衣金绣文霞帔，金珠翠妆饰，玉坠；二品，衣金绣云肩大杂花霞帔，金珠翠妆饰，金坠子；三品，衣金绣大杂花霞帔，珠翠妆饰，金坠子；四品，衣绣小杂花霞帔，翠妆饰，金坠子；五品，衣销金大杂花霞帔，生色画绢起花妆饰，金坠子；六品、七品，衣销金小杂花霞帔，生色画绢起花妆饰，镀金银坠子；八品、九品，衣大红素罗霞帔，生色画绢妆饰，银坠子。翌年，更定命妇服制：一品、二品，金绣云霞翟文；三品、四品，金绣云霞孔雀文；五品，云霞鸳鸯文；六品、七品，绣云霞练鹊文；八品、九品，惟用大袖衫、霞帔、褙子。霞帔的颜色和质量，规定皆用深青缎匹。又规定命妇团衫用轻软的红罗制作，以绣雉之多少为等第，计：一品九等，二品八等，三品七等，四品六等，五品五等，六品四等，七品三等，八品、九品不用绣雉。

洪武年间，对其他阶层服装也有规定。儒士、生员、监生俱穿巾服。即头戴四方平定巾，此帽以黑色纱罗制成，可以折叠，开展时四角皆方。身穿襕衫，系用玉色布绢制成，宽袖皂缘，皂绦软巾垂带。庶人服装，初头戴四带巾（制如唐巾，巾上缀有四带），洪武三年改四方平定巾，身穿杂色盘领衣，不许用黄色；男女衣服，不得僭用金锈、锦绮、纻丝、绫罗，只许用绸、绢、素纱。洪武六年（1373 年）令庶人巾环不得用金玉、玛瑙、珊瑚、琥珀；庶人帽，不得用顶。洪武十四年（1381 年）令农家衣服用绸、纱、绢、布制作，商贾衣服只用绢、布制作。还规定农家有一人经商，全家衣服不得用绸、纱，反映了明初政府重农轻商政策。洪武二十三年（1390 年）规定年老庶民衣制，袖长过手，复回不及肘 3 寸；庶人衣长，离地 5 寸，袖长过手 6 寸，袖桩广 1 尺，袖口 5 寸。士庶妻服装，洪武三年定制：首饰用银镀金，服浅色团衫，用纻丝、绫罗、绸绢制作。洪武五午（1372 年）规定：民间妇人礼服惟用紫絁制作，不用金锈，袍衫仅许紫、绿、桃红及诸浅淡颜色，不许用大红、鸦青、黄色，带有蓝绢布。

自洪武规定数百年间，明代君臣士庶各阶层服饰，未曾有过大的变动，只是在服装颜色、禁例等方面有明确规定：官民衣服不得有蟒龙、飞鱼、斗牛图案，不许用玄、黄、紫 3 色；不许军民私穿紫花罩甲；不许庶人穿靴；不许商贩、仆役、优伶等服用貂裘；等等。但是这些禁令效果甚微，特别是成化年间从朝鲜传入的“马尾裙”，据陆容《菽园杂记》记载，“初服者，惟富商贵公子歌妓而已。以后武臣多服之，京师始有织卖者。于是无贵无贱，服者日甚，至成化末年，朝官多服之者矣。大抵服者下体虚奓，取观美耳。阁老万公安，冬夏不脱。宗伯周公洪谟，重服二腰。年幼侯伯驸马，至有以弓弦贯其齐者。大臣不服者，惟黎吏侍淳一人而已。此服妖也，弘治初，始有禁例”。明代服饰本来为强化君主专制制度服务，这是洪武服饰制度100年间最具影响的违规事件，预示着明代服饰变化不可避免。如据《菽园杂记》记载，弘治初年“今富贵家佻侻子弟，乃有以纻丝绫段为袴者，暴殄过分，甚矣”，就是例证。

事实正是这样。随着商品经济发展、市镇兴起和市民势力扩大等，正德始禁令松弛，万历以后奇艳华丽之服遍及民间，官员、百姓服饰都有变化。如据沈德符《万历野获编》记载，万历首辅张居正“性喜华楚，衣必鲜美耀目。膏泽脂香，早暮递进”；当时官员“多以侈饰相尚。如徐渔浦（泰时）冏卿，时为工部郎，家故素封，每客至必先侦其服何抒何色，然后披衣出对，两人宛然合璧，无少参错”；等等。当时民间服饰新颖当属苏州地区，并成为全国各地服饰变化的策源地，故张瀚《松窗梦语》说“吴俗习奢华、乐奇异”，“吴制服而华，以为弗是弗文也”“四方重吴服，而吴益工于服”。张瀚是书还总括性地指出：“国朝士女服饰，皆有定制。洪武时，律令严明，人遵画一之法。代变风移，人皆志于尊崇富侈，不复知有明禁，群相蹈之。如翡翠珠冠、龙凤服饰，惟皇后、王妃始得为服；命妇礼冠四品以上用金事件，五品以下用抹金银事件；衣大袖衫，五品以上用纻丝绫罗，六品以下用绫罗缎绢，皆有限制。今男子服锦绮，女子饰金珠，是皆僭拟无涯，逾国家之禁者也。”直到明朝末年，无论是官员或是士庶生员，凡有钱者均穿奇装华服，如清人姚廷遴《纪事编》说：“明季现任官府用云缎为圆领，士大夫在家亦常穿云缎袍者，公子生员辈止穿绫绸纱罗。今凡有钱者任其华美，云缎外套遍地穿矣。”这些变化，表明当时人们突破服饰制度束缚，都在求新、求美、求异、求个性。

2. 少数民族服饰

少数民族地区的各民族服饰，都有自己的传统风格和特点。

蒙古族服饰，主要有袍、裤、无袖短衣、毡斗篷、布衬衫、靴、长袜、帽、围腰等。不分贵贱，其衣皆窄袖。袍子种类很多，除羊皮等制作外，还有丝绸锦缎袍、夏布长袍，以及各类兽皮制作的袍子。男女都穿靴子，靴底薄，便于坐骑。

藏族服饰，主要有藏袍、衬衫、裤、帽、鞋、头饰、颈饰、腰饰等，表现了藏民的实用观点、审美情趣、宗教信仰以及经济生产等特点。

维吾尔族服饰，男人髡首，以素帛缠头。妇女亦以素帛蒙面，略露双眸。如遇丧事，则仅以青黑布易之，帷幔亦用青黑色，但居丧不过百日。

南方少数民族地区。傣族服饰，男子头戴竹丝帽，身穿白布衣；妇女外出戴玉漆大笠，身衣文绣而饰以河贝，或衣白布窄袖短衫，黑布筒裙。苗族、瑶族、彝族、黎族等习性风尚各有不同，服饰也千奇百怪，但服饰大体上尚黑色，多以黑色为主，以红白做副色或装饰色。服饰上喜绣花纹，所绣之花以红色为主，花纹皆以棉线绣于布上。不过，瑶族黑衣过腹，女衣及膝，苗族、彝族衣服则长至足面；苗族、彝族多不戴帽，或仅以布包头，然广东北江瑶族妇女头戴特殊之高帽；苗族、彝族服饰上花纹多为曲线图案，而瑶族花纹绝无曲线。

三、饮 食 习 俗

明代社会经济发展，为饮食种类丰富和质量提高提供了物质条件。而明代中后期，宫廷饮食非常豪华奢侈，对民间中上阶层的饮食活动颇有影响。汉族与各少数民族饮食习俗各异。

1. 明代宫廷饮食

明代水陆运输四通八达，邮传频繁，海内外贸易发展，使全国政治中心北京云集四方财货珍宝，诸如供应宫廷饮食需用的各种粮食、禽畜、水产、海味、蔬菜、水果、干果、腊味、奶酪、药材、盐、茶、糖、油、酱、醋、煤炭等，以及水晶、玛瑙等高档餐具和燕窝、鱼翅、干贝、鲍鱼等高档海味，应有尽有。

明代宫廷宴会种类繁多，每逢冬至、正旦、元宵、端午、中秋、重阳、腊八均有宴会，皇帝登基、过生日、大婚有宴会，皇太后、皇后过生日及皇太子婚礼均有宴会，以及祀圜丘等和经筵等也有宴会，亲蚕、开馆暨书成均有宴会，宴会有大宴、中宴、常宴、小宴之别。宫廷宴会等级森严，礼仪繁缛，如大宴规模大，凡正旦、立春、元宵、端午、重阳等节和皇帝、皇太后生日等，一般在午门外举行百官宴，不用乐。而在奉天殿举行，则用乐，四品以上官员在殿内入席，五品以下官员在东西庑房入席，进第一爵酒时乐作，殿内外百官皆跪，皇权至高无上，礼毕方各就位坐，共进九爵酒，有乐有舞。酒后进汤，进大膳，大乐作，群臣起立。汤、膳进毕，群臣复坐，由鸿胪寺序班供群臣饭食。中宴如大宴，只是进酒七爵。常宴只是一拜三叩头，进酒三爵或五爵而止。

据陈洪谟《治世余闻》记载，弘治初时名臣丘濬所制的糯米馅饼，“熯熟为供，软腻甚适口”，后来他托太监将此饼送给明孝宗朱祐樘，明孝宗“食之嘉，命尚膳监效为之。进食，不中式，司膳者俱被责”，盖不知丘濬饼之制法，由此足见当时宫廷饮食品种、质量远不及万历、天启时代丰盛、精细。据明宦官刘若愚《酌中志》书中《饮食好尚纪略》介绍，明代万历、天启宫廷饮食种类繁多，应有尽有。如正月有“百事大吉盒儿”，主要有柿饼、荔枝、圆眼、栗子、熟枣等；另有小盒盛装驴头肉，名叫“嚼鬼”，这是俗称驴为鬼的缘故。此外，还有荤菜活虾、海参、鲍鱼、鲨鱼筋、银鱼、鸽蛋、麻辣活兔、塞外黄鼠、半翅鹖鸡、烧鹅、鸡、鸭、猪肉冷片、羊尾、爆炒羊肚、猪灌肠、大小套肠、带油腰子、羊双肠、猪脊骨肉、黄颡管儿脆团子、烧笋鹅鸡、蒸煎烧鱼、卤煮鹌鹑、鸡醢汤、米烂汤、八宝攒汤、羊肉猪肉包、枣泥卷、糊油蒸饼、乳饼、奶皮等；素菜如云南鸡枞、五台山天花羊肚菜及鸡腿、银盘等蘑菇，还有东海石花菜、海白菜、龙须菜、海带、鹿角菜、紫菜，还有江南冬笋、蒿笋、糟笋、香菌、脆藕、风菱，还有辽东松子，苏北黄花菜，都中山药、土豆，南都苔菜，武当山鹰嘴笋、黄精、黑精，北京北山榛、栗、核桃等；水果有西山苹果、梨、枣、软子石榴、江南密罗柑、凤尾橘、漳州橘、橄榄、小金橘等。酒有椒柏酒、朱砂雄黄菖蒲酒、菊花酒等。茶则有六安、松萝、天池、绍兴、芥茶、径山、虎丘茶等，不过贡茶以闽产最多。以上宫廷饮食荤、素两大菜系用料广泛，均由光禄寺全年供应。

宫廷饮食节令性强，月月有鲜食，节节有变化。如二月吃油煎黍面枣糕、煎饼、芦芽汤等；三月吃烧笋鹅、凉饼、糍巴、雄鸭腰子等；四月吃不落夹、笋鸡、白煮猪肉、包儿饭、白酒冰水酪等，并尝樱桃诸果新味；五月饮朱砂雄黄菖蒲酒，吃粽子、加蒜过水面、长命菜（即马齿苋）等；六月吃过水面，嚼银苗菜（藕之新嫩秧），立秋日吃莲蓬、藕；七月吃鲥鱼为盛会；八月各类食品很多，以月饼、西瓜、西苑藕互相馈送，宫眷内臣三五成群吃蟹，食毕饮苏叶汤，并用苏叶等件洗手；九月饮菊花酒，吃花糕、迎霜麻辣兔等；十月至来年二月吃羊肉、麻辣兔、牛乳、奶皮、乳饼、奶窝、酥糕、鲍鱼、螺等，以及虎眼等各样细糖；十一月吃糟腌猪蹄尾、鹅脆掌、羊肉包、饺子、馄饨、冬笋等，每日清晨喝辣汤，吃肉饮酒以御寒；十二月吃腊八杂果粥、灌肠、油渣、卤煮猪头、烩羊头、爆炒羊肚、清蒸牛肉、白酒糟蚶糟蟹、醋熘鲜鲫鱼鲤鱼等。

另外，明代宫廷煮饭之米，必拣选颠簸，取用整洁之米。而香油、甜酱、豆豉、酱油、醋等一应杂料，俱不惜重价从各地买入。

2. 民间饮食习俗

明代中后期宫廷宴席华贵、烹饪技术精深，对民间饮食活动有引导和示范性作用。如江南经济发达地区，据清初叶梦珠《阅世编》载："肆筵设席，吴下向来丰盛。缙绅之家，或宴官长，一席之间，水陆珍馐，多至数十品。即士庶及中人之家，新亲严席，有多至二三十品者，若十余品则是寻常之会矣。然品必用木漆果山如浮屠样，蔬用小瓷碟添案，小品用攒盒，俱以木漆架架高，取其适观而已”，而且“迎宾定席”时“必鼓吹合乐”，或“用弦索弹唱”，便于“豪饮以尽欢”。以上是明代中后期民间中等阶层以上的饮食活动。缙绅之家盛宴“水陆珍馐，多至数十品”，士庶及中人之家迎宾宴会“多至二三十品”，一般平常宴会亦“十余品”，对菜肴品种十分考究，甚至有的宴会伴奏鼓乐或弹唱，十分气派。可见当时达官显宦、豪绅巨贾的饮食活动，铺张奢侈之风盛行，甚至可以与宫廷饮食相比。

明代广大普通百姓日常饮食习俗，是因地制宜形成的。北方百姓因物产特点，主要是以面食、蔬菜为主，肉食为辅。面食有馒头、面条、饼、包子、水饺、蒸饺、馄饨、烧卖等，还有清真食品，品种繁多，花样比过去有所变化。南方百姓因物产特点，主要以米食、蔬菜为主，鱼食、肉食为辅。江南种稻有粳米、糯米之分。粳米宜做米饭，煮粥。糯米有黏性，宜做各类点心，如糕、团、饼、汤圆、粽等食品。明代南北方米、面食品加工制作，已经达到相当精细的程度。

明代素食有显著发展。明代全国佛教寺院数以万计，到成化年间僧尼已达到五十余万人，其人数万历以后有增无减。佛教全吃素食，信佛的有皇族、贵族、平民，每个寺院都拥有一定的土地，栽种粮食、蔬菜等作物。佛教寺院经济基础相当雄厚，这是明代素食存在和发展的基础。素菜原料丰富，成为明代宫廷饮食的重要组成部分，当然也成为明代民间饮食的重要组成部分。明代中后期宫廷素菜原料详见前引刘若愚《酌中志》，而豆类、蔬菜、瓜果是民间最典型的素菜原料。

明代各地少数民族，因其宗教、经济、文化和地域不同，其饮食习俗亦各异。如蒙古族是以牛、羊肉和奶食品为主，饮料是奶茶和马奶酒。藏族食牛、羊肉，饮食重茶。西北地区信仰伊斯兰教的回族、维吾尔族，也是以肉食为主，并形成了以牛羊肉为主的清真菜，如烤全羊、扒羊肉条、五香牛肉干等。回民散居全国各地，大多经营清真饮食业，连宫廷饮食中也有不少清真菜肴，但凡以小吃和糕点很有名，如羊肉水饺、火烧、饽饽、艾窝窝、黄米面枣糕、黄米面豆沙软糕等。南方各地少数民族饮食，因当地物产特点，主要以米食、蔬菜为主，以肉食为辅，大多好客、嗜酒。

四、皇宫与民居

明初强化君主专制，崇尚程朱理学，对人们衣食住行的等级，限制得十分严格，贵贱不相逾越。皇帝所居是宫殿，官、民所居是第宅、庐舍。

1. 明代两京宫殿

明太祖朱元璋建都南京。宫殿是皇帝举行典礼、处理朝政与居住的地方，据《明史·舆服志》载，早在吴元年就“作新内”，选定在钟山西趾之阳（今南京中山门内御道街地区）兴建宫殿，正殿为奉天殿，前为奉天门，殿之后为华盖殿，再之后为谨身殿，皆翼以廊庑。奉天殿之左右，分别建文楼、武楼。谨身殿之后为宫，前为乾清宫，后为坤宁宫，六宫以序排列。宫殿之外，周以宫城，城之门南称午门、东称东华、西称西华、北称玄武。当时宫殿建筑较为简朴，规模也较小。自洪武八年朱元璋停止中都宫殿建设后，就开始大规模改造南京宫殿，增建门的同时又增建一些殿宇，如东华门内建文华殿，为东宫视事之所，西华门建武英殿，为斋戒时居住之所，等等。洪武二十五年（1392 年）再次扩建，主要增加宫前建筑，改建金水桥，又建端门、承天门、长安东西二门，向南直抵洪武门，遂成完整的宫殿布局。朱元璋以“天人感应”和封建礼制为宫殿命名，如正殿名为“奉天”，意为明太祖奉天命而统治天下；华盖殿的“华盖”本是古代“以荫帝座”星名，象征明太祖统一天下是应帝星之瑞；等等，从而强化了君主至高无上的地位和封建礼制的权威。

永乐十九年（1421 年）明成祖朱棣迁都北京，原设南京的各衙门依然保留，改南京为留都，并委派皇族、内臣驻守。明末崇祯帝亡后，福王朱由崧在这里即位，史称南明弘光朝。因清军占领南京及后来镇压太平天国的战争破坏，明代南京宫殿现仅存午门、东华门、西安门及内外五龙桥、柱础、碑刻等遗迹了。

永乐元年改北平为北京，四年开始准备营建北京宫殿，永乐十八年（1420年）告成。《明史·舆服志》说："凡宫殿、门阙规制，悉如南京，壮丽过之"。宫城正南为午门，东为东华门，西为西华门，北为玄武门。宫城之外为皇城，并形成宫城居中和皇城与北京城的布局关系。按南京宫殿形制建奉天、华盖、谨身三大殿，乾清和坤宁二宫及五门，以及文华殿、武英殿、金水桥等。奉天殿北有后殿、凉殿、暖殿及仁寿、景福、仁和、万春、永寿、长春等宫。以后历朝多有增修，如景泰六年增建御花房；天顺三年（1459年）营建西苑行殿；嘉靖年间修建宫殿工役最繁，改十二宫名，并更名奉天殿为皇极殿、华盖殿为中极殿、谨身殿为建极殿、文楼为文昭阁、武楼为武成阁，多处门亦更名。这些宫殿布局严整，复杂的木结构，精致的石雕、木雕，金碧辉煌的琉璃瓦，集中体现了我国古代传统建筑的艺术成就和风格。北京皇城宫殿规模宏大，朝廷与皇帝、后妃、太子等诸宫合于一处。三大殿以南是皇帝举行典礼、赐宴、处理朝政、召见大臣、经筵进讲等场所，乾清宫以北是皇帝居住、生活的地区。在宫城中轴线上，南由午门起，经内五龙桥、奉天门、奉天殿、华盖殿、谨身殿、乾清门、乾清宫、交泰殿、坤宁宫、坤宁门、御花园，直抵北宫城玄武门。本来南京宫城有中轴线，北京承袭南京，乾清宫后之坤宁宫为皇后所居，在中轴线左右有文华殿、武英殿、东六宫中钟祥宫（皇太子所居）、承乾宫（东宫贵妃所居）、西六宫中翊坤宫（西宫贵妃所居），布局对称、严整。南京皇城宫殿处在南京城东部偏南，不处在中心地区。北京宫殿有了发展，由午门以南经端门、承天门、外五龙桥、皇城南门大明门，再经正阳门直抵嘉靖三十二年加筑外城南门永定门，玄武门以北经万岁山（景山）、皇城北门北安门，直抵钟鼓楼，即构成了北京城以皇帝居住、生活区为中心的整个轴线，进一步体现了皇权至高无上的地位和权威。

2. 明代汉族与少数民族居室

明太祖朱元璋为了加强君主专制，遵循封建礼制，于洪武二十六年规定民居分公侯、一品至二品、三品至五品、六品至九品、庶民5个等级，门、厅、中堂、后堂都有相应的降等规定，划分很细，等级森严。在建筑形式上把歇山转角、重檐重栱及绘藻井作为帝王专用形式，严禁百官第宅采用，并对公侯、品官房舍瓦脊式样、门的色彩、门环质地和梁、栋、斗栱、檐角色彩作了等差规定，以示尊卑有序，同时不许品官房舍门窗用丹漆上色。对于庶人庐舍，则明确规定“不过三间，五架，不许用斗栱，饰彩色”，后来又重申庶民“不许造九五间数，房屋虽至一二十所，随其物力，但不许过三间”。这套民居房舍制度，基本上保持着明初朴实无华、遵循礼制的风貌，但到明朝中后期随着商品经济发展，便逐渐遭到破坏。如草屋改为瓦房，无厅改为有厅，三间五架改为多间多架，而高官富商由朴实无华改为雕饰日趋精美、金碧辉煌，风俗趋侈，使民居房舍有了新的发展。如大中型宅第，都有着丰富的砖、木、石装饰，特别是江南民居园林艺术不断发展，民居越礼逾制已成为一股不可阻挡的潮流。

汉族民居住宅，大致分南北两大区域。北方区域，大部分农民住一明两暗三开间单体平房，大多没有院墙，或用土石杂木构成简易矮墙。值得注意的是黄土高原、黄河中游一带的窑洞。窑洞一般宽 3 米，深 5～20 米，分前后二室，前室为正房、厨房，后室为卧室，具有冬暖夏凉和减弱外界噪音的功能。这是当地农村民居开发地下空间的一大创造，在北方汉族民居占有重要的地位。值得注意的是，北京四合院占有特殊地位，是明代传统住宅最具代表性的正统模式。其主体布局一般是“一正两厢”：“一正”即正房，受明初低品官和庶民不过三间规定的影响，大多是三开间，少数有用五间，坐北朝南，位于院中轴线上，供长辈居住；“两厢”即布局对称的东西厢房，为晚辈住处。正房、厢房和二门（王公府第和高官大贾做华丽的垂花门)、花墙围成内院，院内种植花木或用山石盆景点缀，为全家活动、休息中心。大门内有影壁，即进入前院，前院南侧是倒座南房，为客房、书斋和仆人住所，进入二门即是内院。有的还有第三层或更多层的后院。有经济实力的宅院大门、门楼、影壁、二门、檐廊等部位装饰美化，乃至用彩绘、砖雕、木雕、石雕等装饰手段。

明代南方区域经济较北方发达，特别是江南地区经济、文化尤为发达，更促进了南方民居建筑发展。平原地区农村民居，出于便利生产的需要，大多沿路、沿水和坡地上分散建造。城镇人口集中，民居大多集中布局，相互毗邻，街巷围绕，出现三合院、四合院或多进院落式民宅。有的宅旁设书斋，或设园林，或住宅、书斋、园林组合一起建筑。私人建园兴盛，如嘉定县城及所属南翔镇，嘉靖、万历年间就有私人园林迈园、嘉隐园等十余所。在山区或丘陵地带，民居沿山腰、山麓建筑，与自然环境协调融洽。客家山区，出于防御倭寇骚扰需要，客家人建造一种称“寨”的圆形、方形等土楼。江南地处太湖流域，河流湖塘星罗棋布，又靠近东海，有“水乡泽国”之称。城镇市民往往兼营商业、手工业，使商店、工场与住宅合一，前门临街，后门沿河，随处可见。民居临街背水，创造了方便生活的优美环境，是江南水乡一大特色。

明代少数民族地区民居。蒙古族民居采用圆形活动房屋，即毡包。毡包是圆筒形带尖顶的帐篷，后俗称“蒙古包”。毡包顶部中央有圆孔，光线可由此孔射入，亦有利于通风，排出屋内烟雾。毡包一包一家，构造轻巧，用材方便，拆装容易，非常适合游牧生产与生活需要。藏族民居，一般背山临水（或路）而建碉房，用乱石堆砌厚墙，内部以密排木梁构成楼层，平面屋顶。通常高 2～3 层，少数高 5～6 层，中有小天井，下层为牲畜厩舍，中层为经堂、卧室、厨房，上层为晒房。富者于房角设高碉，以片石做壁，高至 10 余丈，用于防卫。维吾尔族民居，阿以旺式住宅一般是土木混合单层建筑，是以围绕一个中央内厅为中心布置其他用房，不求轴线对称，不强调日照方位，整座房除大门外，不开任何门窗。中央内厅为高侧窗采光，其他房间均为小尺寸平天窗采光，也有利于室内通风。这种全封闭式房屋，可防止热流、寒流和沙尘暴入侵。另外，吐鲁番地区用土坯修建住宅，生活富裕者才用砖砌，故盛行土坯平顶民居。南方苗族、土家族等民居，背山临水地区建筑吊脚楼，用众多木柱支撑建楼，下层悬空，楼层前面为楼、后面落地或层层升高。前半间楼下用木板围筑，饲养牲畜、堆放杂物，楼上为卧室，靠近卧室设一间供苗族妇女刺绣、纺织的绣花房。傣、壮、黎、彝等族傍山临水地区，用竹木建造楼房，下部架空，通常称之为“干栏”。竹楼规模大小，通常以底层木柱多少而定。大多只有一幢主房，由楼上之堂屋、卧室、前廊、晒台、楼梯及楼下架空层组成，也有主房、辅房组合型。

五、明代车舆制度及其变化

明初，明太祖朱元璋制定了社会各阶层车舆等级制度。这个制度，对皇帝出行交通工具及卤簿大驾之制作了规定。永乐三年更定卤簿大驾，据《明史·舆服志》载，“有大辂、玉辂、大马辇、小马辇、步辇、大凉步辇、板轿各一，具服、幄殿各一”。仪仗有黄帐房，帐并帷幕以黄色棉布制成，上施兽吻，柱竿红色，以象宫室。帝后出宫，有时可乘板轿。而且也对皇室其他人员出行的交通工具作了规定，如皇后（含太皇太后、皇太后）用辂、安车，皇妃用凤轿，太子用金辂，东宫妃用凤轿、小轿，亲王用象辂，亲王妃和公主分别用凤轿、小轿，皇孙降太子一等而用象辂，等等。其车、轿高度、辕长及踏梯、行马、帐房、行障、坐障等规格、装饰，皆因身份高低而有相应的规定。

明政府对百官和平民百姓出行的交通工具，也作了规定。据《明史·舆服志》载，明初严禁文武百官乘轿，因而外出大多乘马。明廷对百官和平民百姓乘马有规定，如洪武六年规定，庶民骑马时使用的鞍辔不得描金，只能用铜铁装饰。洪武二十六年规定，公、侯、一品、二品使用银鞍辔，可以描银；三品至五品使用银鞍辔，可以用油画装饰；六品至九品使用摆锡鞍辔，可以用油画装饰。后来又重申官民人等的马颔下缨并秋辔都用黑色，不许使用红缨、描金、嵌金、朱青、朱红等色装饰。关于乘车，洪武元年规定，百官乘车“不得雕饰龙凤文”，一品至三品用间金饰银螭绣带装饰，青缦；四品至五品用素狮头绣带装饰，青缦；六品至九品用素云头青带装饰，青缦。轿同车制，庶民车及轿，并用黑油，齐头平顶，黑缦，严禁用云头装饰。洪武六年规定，允许妇女乘轿，允许官民年老患病者乘轿。景泰四年（1453 年）规定，在京三品以上的官员可以乘轿。弘治七年（1494 年）规定，符合乘轿条件的文武官员，限制在由 4 人抬轿，并重申“五府管事，内外镇守、守备及公、侯、伯、都督等，不问老少，皆不得乘轿，违例乘轿及擅用 8 人者，奏闻”。但是，此制度到正德以后，逐渐遭到破坏。

如嘉靖十五年（1536 年）礼部尚书霍韬奏言中指出：“礼仪定式，京官三品以上乘轿，迩者文官皆用肩舆，或乘女轿。”又如隆庆二年（1568 年），应城伯孙文栋等乘轿出入，骄僭无状。据王世贞《弇山堂别集》载，嘉靖时夏言、翟銮私乘小轿，明世宗朱厚熜“闻不善也”。据焦竑《玉堂丛语》记载，万历年间张居正奉旨归里葬父，所坐的是由 32 人抬的大轿，轿身前部为有窗的廊子，后部为寝室，旁翼两庑各有一童挥箑炷香侍候，其规模和规格之大实属罕见，是严重僭越明代车舆规制事件。这不是偶然的，因为随着商品经济发展，这股僭越规制的风气不可阻挡。清初叶梦珠《阅世编》说，晚明江南经济发达地区，“两榜乡绅，出入必乘大轿，有门下皂隶跟随，轿伞夫五名俱穿红背心，首戴红毡笠，一如现任官体统”，乙榜未仕者，则乘肩舆。贡、监、生员新贵拜客亦然，乃至“缙绅、举、贡，概用肩舆”，足以表明明代车舆制度对人们出行不再起约束作用了。乘轿比骑马、乘车舒适、气派，明代中后期随着社会经济发展，已成为较为普遍的交通工具。

另外，当时国内贸易繁荣，商人远途经商，与当时水、陆交通四通八达分不开，车、船、马、驴等是当时商人远途经商主要的交通运输工具。此即明人张瀚《松窗梦语》所说，“南北舟车并集”“车马之交，达于四方，商贾乐聚”；宋应星《天工开物》所说，“滇南车马纵贯辽阳，岭徼宦商衡游蓟北”。西北以游牧为主的少数民族，则以马和骆驼为主要交通工具。西南高山峻岭中的少数民族，人们外出只能徒步而行。

车在明代种类很多，战车除外，货车有独轮、双轮、四轮等，是明代平原或水、陆交接地区主要交通运输工具。另一类是乘人的轿车，车身有棚子，形状类似轿子。

长江、黄河和运河地区，水上船运交通十分发达。如关陕所需，皆靠黄河由山西、河南供应，盐船、粮船往来无滞。山西粮食，由黄河运至榆林诸仓，河南亦由黄河运至潼关、陕州诸仓。自永乐迁都北京，运河漕运所谓东南

"每岁舟千艘，粮万石"到达北京。景泰年以前，漕船无定额，天顺年以后额船万余艘，可见运河漕船运输规模很大。当年在南京的意大利传教士利玛窦，就是靠乘运河漕船到达北京定居的。特别是长江流域河道纵横，还接连一些大型湖泊，使船运交通非常发达。湖广江陵、汉口舟车辐辏，是联络中原、西北、江南、西南交通、贸易的枢纽，临江的沙市因商业繁盛而名于海内。江南水乡乘船出行，与周围环境十分协调，成为当地一大胜景。

六、岁时节日习俗

岁时节日，指以农历为序的传统节日，是与四季气候变化有关的农事活动的传统节日。其起源十分复杂，自商周以后就进入发展时期。而明代官方在传统岁时节日之际，有一系列庆贺活动，庶民百姓则按自己的方式进行庆贺。

本来与古代二十四节气同时并行的节日，主要表现在各季各月朔望之间。决定节日的标准之一，是以月的朔望圆缺为标准。朔日为月缺，是各月之初一，又称"元日"。正月朔日谓之正旦，或称元旦，是岁时节日中一个重要的年节，也是明代最为隆重的节日。望日为月圆，为各月之十五。正月十五，又称上元节，是全年第一个望日，大庆大祭，发展成为元宵灯节。明代前期宫廷岁时节日活动，据陆容《菽园杂记》记载，“京师元日后，上自朝官，下至庶人，往来交错道路者连日，谓之拜年”。据沈德符《万历野获编》记载，永乐七年明成祖朱棣令上元节官员节假十天、民间放灯；宣德二年（1427 年）明宣宗朱瞻基令上元节百官节假十天，在京军民张灯饮酒为乐；宣德四年（1429 年）明宣宗令正旦节、上元节文武百官节假二十天，元宵夜召群臣赴御苑观灯。据历仕正统、景泰、天顺、成化四朝的叶盛《水东日记》记载，“冬至正旦节早，礼部鸿胪寺及科道导驾等官最先入左掖门，至中左门立候，天将明，趋进华盖殿前穿廊，礼部尚书祭祀，复命行礼讫，导驾升奉天殿受朝”，“初，京都最重冬年节贺礼，不问贵贱，奔走往来者数日，家置一册，题名满幅。己巳之变，此礼顿废”，“景泰元年，太上皇万寿圣节，礼部请群臣朝，诏免朝”，“景泰二年冬至节，礼部请朝贺上皇于东上门，诏免贺。旧凡遇节，鸿胪、尚宝、中书、六科直庐相接者，朝下即交相称贺……闻京都贺礼，至今寥寥，不复昔比”。据陆容《菽园杂记》记载，过去每逢端午节，皇帝去西苑“看划龙船，炮声不绝”，但是成化二年（1466 年）“炮声无闻”，是明宪宗朱见深“顾恤人言”而已。是书还记载，节日烟火爆竹均用废纸制作，“永乐、宣德间，鳌山烟火之费，亦兼用故纸，后来则不复然矣。成化间，流星爆杖等作，一切取撈（榜）纸为之，其费可胜计哉”。

明人撰《戒庵漫笔》《宛署杂记》《万历野获编》《松窗梦语》《酌中志》《帝京景物略》等书，皆记嘉靖、万历、天启以来岁时节日习俗。

正旦。宫廷和民间均有特定的礼仪活动。宫眷内臣穿有葫芦图案蟒衣，宫中百官行令节拜天礼。民间五更起焚香，放纸炮，先罗拜天地，拜祖宗，然后拜家长，吃年糕、饺子，亲友互相拜年。小儿女用乌金纸作蝴蝶状戴在头上，时称“闹嚷嚷”。当时杭州“庆拜往还，举酒相祝”最盛，谚语云：“孝子回头，不觉重添一岁；孩童拍手，喜得又过新年。”直至灯节，放纸炮、烟火不绝。

上元节。节时宫眷内臣穿有灯景图案蟒衣，官员放假5天，夜行不禁。实际初八、九日在东安门外迤北大街陈设灯市，十四日试灯，十五日正灯，民间与宫中均赏灯、吃元宵，至十八日罢灯，皇帝御前各种灯亦于十七至十九日尽撤。灯之名不一，产地亦不一，如金陵角灯、闽中珠灯、滇南丝灯，价有至千金者，是时四方商贾辐辏，技艺毕陈，罗绮毕具，各地古今异物毕至。游灯市者，男女交错，热闹非常。民间百姓家，则以百余小盏夜灯散布井炉、门户等处，名谓“散灯”，家富者灯四夕，家贫者灯一夕，家甚贫者无灯。而京城外，乡村人缚秫秸作棚，周悬杂灯，并有黄河九曲灯游戏。

立春。又名打春，是二十四节气之一，是一年中与农耕密切的春季之开始，因此朝廷官府、民间都把立春视如节日。是日，顺天府塑造春牛、春花进皇帝御前及仁寿宫中。而立春前一天，顺天府于东直门外迎春，凡勋戚内臣达官武士，赴春场跑马以赛优劣。人们还互相请宴，吃春饼和菜。民间不分贵贱，食萝卜，名谓“咬春”。杭州亦增设迎春仪式，汇集乐舞艺人，饰以冠带，被服乘马，仿效东汉云台中兴诸将、唐代瀛洲十八学士之类，多至数十队等等。

二月二龙抬头。各宫撤出彩妆，至清明之前，收藏貂鼠帽、套风领、狐狸等皮衣。宫中、民间均摊煎饼，名谓“薰虫”。乡民用灰自门外撒入宅厨，呼为“引龙回”。

清明节。也称寒食节，是二十四节气之一，并与七月十五、十月十五合称“三冥节”，均与祭祀鬼神有关，因此是一个重要节日。民间男女盛服，戴柳枝于发，携盒酒扫墓，然后野地席坐醉饱而归。是日去西直门外游高梁桥，名谓“踏青”。是日又称秋千节，宫眷内臣换穿罗衣，坤宁宫后及各宫皆安装秋千架。凡各宫之沟渠，俱于此时疏浚，大铜缸亦刷换以新。凡内臣院落宽敞，皆于此时开始搭建凉棚。

四月初一，戒坛寺开放，城中人多往西山，一遇山坳水曲，必有茶棚酒肆，杂以艺人舞乐。初四日，宫眷内臣换穿纱衣，皇帝钦赐京官扇柄。初八日，皇帝赐百官午门外食不落夹。不落夹，乃用苇叶长方形包裹糯米，味同粽子。立夏日朝廷冰窖启冰，赐文武大臣。民间卖冰，名谓“冰盏”。

五月初一至十三日，宫眷内臣穿五毒艾虎图案的蟒衣，门两旁安放菖蒲、艾盆，门上悬挂吊屏，上画天师或仙子、仙女执剑降毒故事。初五端午节，皇帝饮朱砂雄黄菖蒲酒，吃粽子等食品后，佩戴艾叶合诸药画治病符，至西苑（北海）斗龙舟划船，或至万岁山（景山）前插柳看御马监勇士跑马、走解。是日天坛游人极盛，豪门巨商之外，则中官辈竞以骑射为娱。而民间渍酒以菖蒲，插门以艾，涂耳鼻以雄黄，名谓“避毒虫”。端午俗称女儿节，故已出嫁之女亦各归宁。

六月初六本非令节，但明代成为时俗，皇宫每年此日晒銮驾，内府皇史宬晒明代历朝实录、御制文集诸大函。民家各家亦于此日五更取井水收藏，以造酱醋，或晒衣物。滇中以是月二十八日为火把节，据说与纪念洪武时人王祎有关。

七月初七，称七夕节、乞巧节。宫眷穿鹊桥图案补服，宫中设乞巧山子。民间女子以碗水放在烈日下，自投浮巧针，预卜自己之巧。是日晚上设家宴，儿女对银河拜。是月，宫中内臣斗蟋蟀，以赌博求胜成风。

八月十五，妇女必返其夫家，故称团圆节。家家供月饼、瓜果，焚香祭月后，即大肆吃喝，多竟夜散席。而宫眷内臣是日三五成群，嬉嬉笑笑，共饮新酒，共食秋蟹。

九月九重阳节。皇帝登万岁山，吃迎霜麻辣兔，饮菊花酒。而宫眷内臣自初四日，变换穿重阳菊花图案补服。民间是日不登高山，不登高阁，集无定所，阜成门外真觉寺金刚宝座游人为多。

十月初一，送寒衣节。民间将各色纸衣焚之，祭祖。卖靴人以是日为靴生日，故祭靴。是日，家家辞去雇工。而宫眷内臣于初四日换穿纻丝衣，吃羊肉、爆炒羊肚等御寒食物。是月始打猎斗鸡，而内臣贪婪成俗，性好赌博，故赖鸡求胜心切。

十一月，宫内每日清晨食辣汤和酒肉以御寒。冬至节，百官贺冬毕，吉服三日，都用名片、请柬互拜，乃至官员交错于街头。宫眷内臣穿阳生补子蟒衣，宫内室中多贴绵羊引子画及司礼监印制的《九九消寒诗图》。自冬至至立春，明廷赐殿前将军甲士酒肉，名谓“头脑酒”。

腊八节。先期数日，将红枣捶破泡汤，至初八早，加粳米、白米、核桃仁、菱米煮粥，举家皆吃，或互相馈送。

腊月二十四日，祭灶节。民间送灶君上天，祝词说：“好话多说，不好话少说。”并蒸点心、办年货，购时兴绸缎准备缝制年衣。宫内祭灶后，宫眷内臣就穿葫芦图案蟒衣，乾清宫前石阶，自是日至来年正月十七，每日燃放花炮，充满节日气氛。

除夕之夜，皇宫内宫眷内臣互相拜祝，名谓“辞旧岁”，大饮大嚼，鼓乐喧阗。各室门旁有桃符板等，贴门神，室内悬挂福神、鬼判钟馗等画，床上悬挂金银八宝等物，檐楹插芝麻秸，深夜院中燃烧松柏枝柴。而民间五更焚香，迎新灶君下界，并插芝麻秸于门檐窗名，寓意藏鬼秸内，不使鬼出来。门窗贴红纸葫芦，名谓“收瘟鬼”。深夜也在院中燃烧松柏枝等杂柴，名谓“烧松盆”，“熰岁”也。晚辈拜长辈，各自拜祝，名谓“辞岁”。聚坐达旦，名谓“守岁”。